美木良介の

ロングブレスダイエット

必やせ 最強ブレスプログラム

美木良介《Miki Ryousuke》

はじめに

必ず効果が期待できる「ロングブレス」で若々しい健康な身体を手に入れましょう！

こんにちは、美木良介です。ロングブレスダイエット第3弾は『必やせ最強ブレスプログラム』です。必やせ？　最強？　何のことだと思われるかもしれませんが、今回のテーマである「誰でも必ずやせられる」ことを端的に表現してみました。

しかもロングブレスダイエットは、正しい方法で実践すれば、ただ体重が減るだけではなく、内臓脂肪を減らして、無駄なぜい肉を代謝の高い良質な筋肉に変えていくので、引き締まったシルエットの太りにくい身体が手に入ります。

そもそも私がロングブレスを考案したのは、長年悩まされ続けた腰痛改善が目的でした。その副産物として、体重が減ってきたのです。50代になってロングブレスを実践してからは、腰痛が解消されただけでなく、毎年の健康診断で肥満レベルだった中性脂肪が劇的に下がり、30代の頃よりも疲れにくい身体になって、体力がついたと実感しています。筋肉量が増えたことで代謝のよい身体になると、肌や髪の色ツヤもよくなり、骨も強くなってくるのです。

身体が若く健康になると、自然に気分も若返ってきます。さらには考え方も前向きになって、生活にもハリが出てくるものです。ロングブレスダイエットはただやせるだけでなく、若々しい健康体を手に入れるためのトレーニングなのです。今回は若返りのポイントである腸腰筋《ちょうようきん》に注目し、そのトレーニング方法もご紹介しています。

『必やせ最強ブレスプログラム』では、1日のエクササイズの時間をとくに決めていません。毎日、ふたつの基本のロングブレスを1分ずつ計2分必ず行い、そのあとに体調や体力、鍛えたい部分に応じて1日3分程度のエクササイズをチョイスし、無理なく日替わりでプラスしてください。1日5分のエクササイズのあとに、20分程度のウォーキングをつけ加えられれば、もう完璧です。

1日ほんの5分だけでもいいのです。大切なのは毎日欠かさず、長い間続けることです。いまからでも決して遅くはありません。いますぐ始めてみてください！　1カ月後には見た目マイナス10歳の若々しい健康な身体になっているはずです。

美木良介

私も
おすすめ
します!

ロングブレスは深層筋肉を鍛えられる唯一の運動法です

横浜東邦病院 医学博士
梅田嘉明院長

発案者の美木さんご本人がおっしゃっているとおり、ロングブレスはインナーマッスル（＝体幹）に効率よく働きかける効果のある運動法です。

筋肉は一般に腹筋と言われる腹直筋や、背中の皮膚の近くにある脊柱起立筋などの「浅層筋群」と、腹横筋や内腹斜筋、多裂筋、棘間筋《きょっかんきん》などの「深層筋群」のふたつに分けることができます。

一般的なトレーニングの場合、浅層筋群と深層筋群をひとくくりで考えてしまうことが多いのですが、腰痛解消などにいちばん効果的なのは、深層筋群を集中的に鍛えることなのです。

浅層筋群は深層筋群より筋肉のキャパシティが多く、トレーニングでの変化が実感しやすいため、浅層筋群の発達ばかりに目を奪われがちなのですが、重要なのはトレーニングしても外見からは発達の見えにくい、深層筋群のトレーニングなのです。浅層筋群を中心に鍛えるボディビルダーなどには、腰痛の人がいないように思われますが、実際はそんなことはありません。

この「深層筋群」だけをチョイスして、効率よく筋肉を強化できるのがロングブレスの最も優秀なポイントです。

深層筋群は、身体を安定させるために必要なコルセットのような役割のある筋肉なので、ここを鍛えると結果的に身体が安定して腰痛予防になるわけです。

筋肉量を増やすトレーニングでもダンベルなどの器具を使うトレーニングは、適切なトレーナーの指示のもとに行わないと身体に負荷がかかりすぎて、逆に筋肉を痛めたりすることも心配されます。しかし、ロングブレスは呼吸によるトレーニングなので、身体に危険な負荷がかからず誰でも安全に取り入れることができます。

筋肉はぜい肉の何倍もカロリーを消費するため、筋肉量が増えると血行やエネルギー代謝もよくなり、同じ量の食事をしていても体重は減っていくということになります。美木さんは「汗は最高の美容液」とおっしゃっていますが、まさにそのとおり。無理をせずに長く続ければ、必ず結果が出るはずです。

美木良介の
ロングブレスダイエット
必やせ最強ブレスプログラム

CONTENTS

はじめに …… 02
私もおすすめします！（横浜東邦病院　梅田嘉明院長）…… 04

第1章　すべてのエクササイズは基本のロングブレスから始まる …… 09

基本のロングブレスの前に …… 10
基本のロングブレス1 …… 12
基本のロングブレス2 …… 16
美木良介に訊け！1 …… 18

第2章　腸腰筋を鍛えて若返ろう！ …… 19

腸腰筋を鍛えるわけ …… 20
腸腰筋エクササイズ　初級編 …… 22
腸腰筋エクササイズ　中級編 …… 28
腸腰筋エクササイズ　上級編 …… 34
美木良介に訊け！2 …… 40

第3章 背中を美しくするロングブレス 41

背中を鍛えて肩こりを解消 …… 42
背中を美しくするロングブレス 初級編 …… 44
背中を美しくするロングブレス 中級編 …… 46
背中を美しくするロングブレス 上級編 …… 47
美木良介に訊け！ 3 …… 48

第4章 くびれ集中エクササイズ 49

くびれ集中エクササイズ STEP 1 …… 50
くびれ集中エクササイズ STEP 2 …… 52
くびれ集中エクササイズ STEP 3 …… 54
証言 プロゴルファー 奥田靖己さん …… 56

第5章 体幹を鍛えて健康な身体を手に入れる 57

体幹を鍛えるわけ …… 58
体幹エクササイズ 初級編 …… 60
体幹エクササイズ 上級編 …… 64
ロングブレスインタビュー 森 拓朗さん …… 68
美木良介に訊け！ 4 …… 70

第6章　筋肉量を増やしてリバウンドしにくい身体に　71

筋肉量が増えると代謝がよくなるわけ……72
ロングブレス腕立て伏せ……74
ロングブレス腹筋運動……76
美木良介に訊け！５……78

第7章　ロングブレスウォーキングで総仕上げ！　79

腸腰筋をもっと鍛えよう……80
ロングブレスウォーキング１……82
ロングブレスウォーキング２……84
ロングブレスウォーキング３……86
ロングブレスウォーキング４……88
食材はチョイスする！……90
おわりに……94

第1章

すべてのエクササイズは基本のロングブレスから始まる

まず最初にマスターしなければいけないのが、ふたつの基本のロングブレスです。すべての基礎になる重要なエクササイズですから、確実に身につけてください。これだけでも十分な効果が得られます。

基本のロングブレスの前に

鼻から3秒で吸って口から15秒で吐く呼吸法をマスターして丹田を確認する

手を大きく振り下げながら強い息を吐く基本のロングブレスはおなじみですが、これを最初から完璧に行うにはちょっとしたコツが必要になります。実際に指導をさせていただくと、手の動きに気を奪われて強い呼吸ができていないことが多いのです。ロングブレスでいちばん大切なことは「強い呼吸を繰り返す」ことです。強い呼吸ができていないと、どのエクササイズをしても効果がありません。

強い呼吸をするためには、臍下丹田《せいかたんでん》を意識することが重要です。まずはまっすぐ立ち、肋骨と腰骨の間をグーッと広げてください。同時に両足のかかとをつけ、お尻に力を入れます。この姿勢で鼻から3秒で息を吸って、口から15秒でゆっくり吐きます。どうです？苦しくておへその下あたりがプルプルしてきましたよね。そこが丹田です。

丹田が確認できたら、次は口から10秒で強く吐く練習をしてください。丹田を意識すると身体のバランスがよくなり、肩こりや腰痛改善にもつながります。

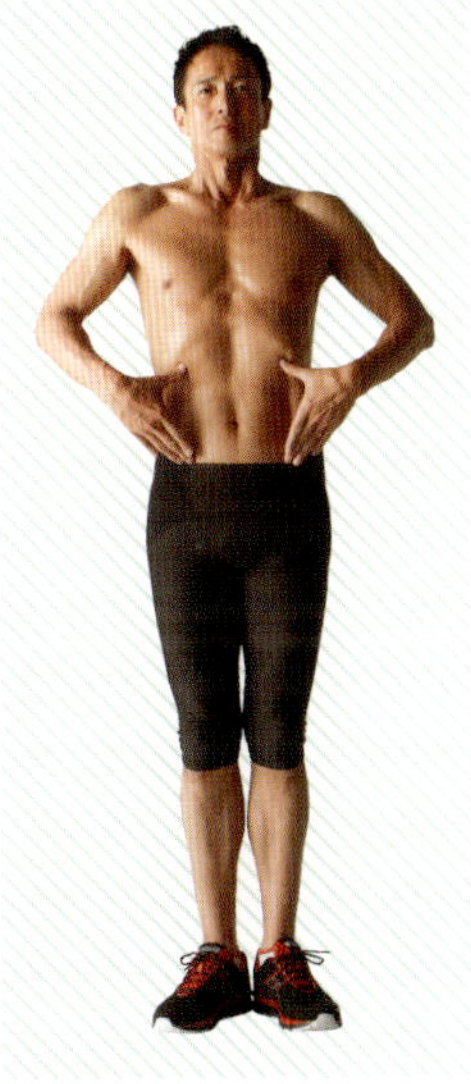

1 肋骨と腰骨の間を広げて立つ

背筋を伸ばしてまっすぐに立ちます。このとき肋骨と腰骨の間をグーッと広げるような感覚を忘れずに、身体を一直線にしてください。

2 丹田を確認して鼻から3秒で吸う

お尻に力を入れて、丹田に手を添えながら、鼻から3秒で息を吸います。両足のかかとは合わせて、両ヒザもしっかりとつけるようにします。

3 15秒でゆっくり口から息を吐く

お腹をへこませたまま、口から15秒でゆっくり息を吐きます。丹田を確認できるようになったら、10秒で強く息を吐く練習をしてください。

＊お年を召した方や体力のない方は、このエクササイズだけでも十分なダイエット効果が期待できます。

基本のロングブレス 1

3秒で吸って7秒で強く吐く 限界になっても、もっともっと吐く！

基本のロングブレスは3秒で鼻から息を吸って、3秒で一気に口から吐く、そして、その状態を4秒キープするのが原則です。1回10秒が基本ですが、慣れてきたら10秒、15秒と、さらに息を吐き続けると効果倍増です。吸うときも吐くときもお腹はつねにへこませ、丹田を意識しましょう。

1 背筋を伸ばして直立 お尻をキュッと締める

まずは両足のかかとをしっかりとつけて直立。お尻にエクボができるくらい力を入れて、キュッと締めます。顔はまっすぐ前に向けましょう。

2 お尻に力を入れたまま後ろ足に9割の重心を移す

つま先を少し外側に向けて、片足を半歩前に踏み出します。そのまま上半身を後ろに倒し、背中から足にかけて一直線になるように、後ろ足に9割の重心を移します。上半身だけ反らしてしまうと、逆に腰痛の原因になるので注意してください。

3 3秒でゆっくり鼻から息を吸い込む

重心を後ろ足に移した姿勢のまま両腕を前方に振り上げ、3秒で鼻からゆっくりと息を吸い込みます。このときに肩が内側を向かないように。お腹はつねにへこませたままです。

4 腕を高く上げて息を吐く姿勢に移動

腕をまっすぐに頭上まで振り上げて、息を吐く姿勢に移ります。伸びをするように、身体を思い切り引き上げるようにしましょう。お腹をへこませる意識を忘れずに！

5 肩甲骨がつくくらい両腕を左右に広げる

頭上にある両腕をいったん思い切り左右に広げます。このときに背中の両側の肩甲骨がバチッとつくくらいまで、上半身を開くことを意識しましょう。背中がきれいになると、胸も必ず美しくなります。

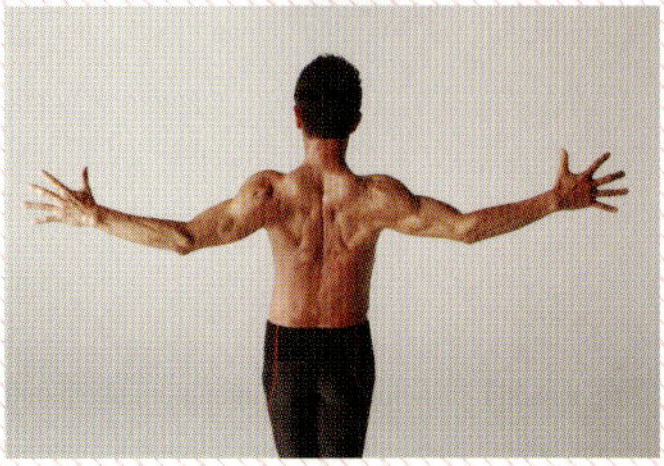

6 腕を振り下げながら口から一気に強い息を吐く

腕を振り下げながら丹田を意識し、口から3秒で一気に息を吐きます。そのあと、残った息を4秒間吐き続けてください。このとき思い切り頬の筋肉を使って、強く吐くように心がけましょう。小顔効果も期待できます。慣れてきたらできるかぎり息を吐き続けると、さらに効果的です。お腹はつねにへこませたままです！これを10秒×6回繰り返します。

基本のロングブレス 2

息を吸うときも吐くときもお腹はつねにへこんだ状態をキープ

基本のロングブレスのふたつめは、お腹と背中をくっつけるような感覚で息を吐き続けるエクササイズです。電車の中や家事をしながらなど、いつでもすぐにできます。息を吸うときも吐くときもお腹をつねにへこませるのが、このエクササイズのポイントです。

1 お尻をキュッと締めてまっすぐに直立する

お尻がキュッと締まっているかを確認したら、おへその下の丹田を意識しながら、まっすぐに立ちます。このとき、身体を反らさないように注意してください。

2 お腹をへこませたまま3秒で鼻から息を吸う

手のひらを下腹（丹田）にあてて、お腹がへこんでいることを確認しながら、３秒かけて鼻から息をゆっくりと吸い込みます。

3 お腹と背中をつける感覚で7秒吐き続ける

もっともっとお腹をへこませて、口から７秒で息を吐きます。吸うときも吐くときも、お腹はつねにへこませたままです。慣れてきたら、できるかぎり息を吐き続けると効果倍増です。お腹と背中がくっつくように丹田を意識して、極限まで息を吐き続けましょう。このエクササイズを10 秒×６回繰り返します。

＊基本のロングブレス1、２を1日３回２分ずつ＝６分行うだけでも、十分なダイエット効果が期待できます。

美木良介に訊け! 1

Q カゼぎみで体調がすぐれないときや生理中のときなど、多少は無理をしてでもエクササイズを続けたほうがいいのでしょうか?（34歳／女性）

A 3秒で鼻から息を吸って15秒で口から吐く呼吸法を

高熱があるのに、無理をしてやる必要はまったくありません。微熱でちょっとだるいなとか、生理中などで体調不良のときも、腹筋などの筋トレを伴うエクササイズは避けたほうがいいでしょう。

ただ、そんなときでも3秒で鼻から息を吸って、15秒で口からゆっくり吐き続ける呼吸法を、寝ながらやってはいかがでしょう。血液の循環もよくなるので、体調も少し回復するかもしれませんよ。

以前、テレビ番組でロングブレスダイエットを指導させていただいたとき、その方がダイエット期間中に別の仕事で骨折してしまったことがありました。そのときも横になったまま、呼吸法だけのロングブレスで、治療中にもかかわらずダイエットすることができました。

また、妊娠中も体調がいいときには、散歩程度のロングブレスウォーキングをおすすめします。肺活量も増えて呼吸が強くなるので、ラマーズ法の呼吸に近い効果が期待できると思います。

第2章

腸腰筋を鍛えて若返ろう!

ここでは、腸腰筋を重点的に鍛えます。腸腰筋を鍛えることで、身体の根本から若返ることができるからです。自分の体調や体力に合わせて、できるエクササイズから少しずつ取り入れてください。

腸腰筋を鍛えるわけ

足と体幹をつなぐ筋肉を鍛えて若さあふれる美しいボディラインに

腸腰筋？　あまり馴染みがないかもしれませんが、足と体幹をつないでいる重要なインナーマッスルです。深層部にあるので身体の表面を触ってもどこにあるかわかりませんが、片ヒザを曲げて足を90度に上げる姿勢をとると、この筋肉が働いていることが実感できると思います。

腸腰筋は足と体幹をつなぐ筋肉ですから、身体全体を安定させる役割を担っています。この腸腰筋を鍛えることで、正しい姿勢が生まれます。そして美しいボディラインになり、何よりも若さが蘇ってくるのです。

子供の頃、階段を2段飛ばしで走り上がったり降りたりしたことが、誰にでもあると思います。しかし、いまそれができますか？　多くの方は無理なのではないでしょうか。これは腸腰筋が衰えてきているからです。毎日ある程度の距離を歩いていても、正しいトレーニングをしていないと腸腰筋は衰えていくものなのです。

自分の歩いている姿を想像してみてください。お年を召した方は、少しずつ歩幅が狭くなってきていますよね。これも腸腰筋の衰えが原因です。腸腰筋は正しく美しい姿勢で歩くなど、若さを保つためには重要なポイントになってくる筋肉なのです。

足の筋肉はボリュームも大きくて太いので、ここを鍛えるとたくさんの筋肉がついて、代謝のしやすい身体になってきます。つまり、これまでと同じ量の食事をしても、やせやすい体質になるのです。だから、私は若さの秘訣は腸腰筋にあると考えています。腸腰筋=若返りの筋肉です。

トレーニングの方法は、次ページから詳しく紹介してあります。しかし、もっと効果的に腸腰筋を鍛えたい方には、第7章でご紹介するロングブレスウォーキングとの併用をおすすめします。エクササイズで腸腰筋を実感し、そのあとにウォーキングすると効果倍増です。長い距離を正しいロングブレスのフォームで歩けば、しなやかで若々しい美脚が手に入ります。

このエクササイズをしっかりと行うことで、1週間で見た目年齢が1歳若返ることも可能です。代謝がよく内面から輝くような健康体、若さあふれる身体を目指して、さぁ、いますぐ始めましょう!

腸腰筋エクササイズ初級編 1

スクワットに呼吸法を取り入れゆっくりと腰を落としていく

初級編は、スクワットを中心にした3つの腸腰筋エクササイズです。足を広めに開いて、息を吐きながら腰を落としていきます。下半身の体幹を感じながら、身体のバランスが崩れないようにゆっくり繰り返してください。

1 両足を肩幅より広く開き3秒でゆっくり息を吸う

両足を広めに開いて、上半身をまっすぐ伸ばします。手のひらを腸腰筋の上にあてるようにして、鼻から3秒で息を吸います。このとき、ヒザはやや曲げた状態にしてください。

2 腰を落としながら 7秒で息を強く吐く

口から7秒で強く息を吐きながら、ゆっくりと腰を落としていきます。これを6回繰り返してください。腰を元の位置に戻すとき、ヒザはまっすぐ伸ばさず、やや曲げた状態まででOKです。つねにお腹をへこませる意識を忘れずに！

手でバランスをとる片足立ちスクワット

腸腰筋エクササイズ初級編 2

初級編のふたつめは片足で立って、手でバランスをとるスクワットです。最初のうちは足を大きく後ろに上げることはできませんが、慣れてくると体幹の筋肉が鍛えられてくるので身体が安定し、少しずつ足が後ろに上がるようになってきます。

1 体軸をまっすぐに背筋を伸ばして立つ

身体の中心の体軸を感じながら、両足を肩幅くらいに開いてまっすぐ立ちます。両肩を広げて、背中の肩甲骨をくっつけるつもりで。

2 息を吸いながらヒザを曲げて腰を落とす

3秒間かけて鼻からゆっくりと息を吸いながら、少しずつ腰を落としていきます。上半身が前傾しないように注意しましょう。お腹はつねにへこませたままです。

3 腸腰筋を伸ばす意識で足を上げ7秒で息を強く吐いていきます

右手を前に左足は後ろに上げながら、同時に腰も上げて、口から3秒で強い息を吐き続けます。腸腰筋を伸ばす意識を持って、後ろ足はなるべく高く上げましょう。左右交互に3回ずつ計6回繰り返します。

腸腰筋エクササイズ初級編 3

かかとを上げる特別なスクワットで引き締まった足首とヒップアップを

初級編の最後は、つま先と足首に力を入れるスクワットです。腰は深く落とす必要はありません。身体を伸ばしたときにお腹を引き締めながら、足先を重点的に伸ばすようにしましょう。キュッと引き締まった足首と、なめらかでセクシーなヒップラインを目指します。

1 かかとを上下させ体軸を確認する

肩幅に足を開き、お尻に力を入れながらかかとを上下させて、お尻と腸腰筋、そして体軸を確認したのちに、直立の姿勢になります。

2 無理のない位置に腰を落とします

3秒で鼻から息を吸いながら、腰を無理のない位置までゆっくりと落としていきます。通常のスクワットよりも浅い位置まででで十分です。

3 息を吐きながら腰を上げる

7秒で口から強い息を吐き続けながら、かかとはつけたまま、やや前傾姿勢で腰を上げます。一度に腰を上げると身体がブレやすいのでゆっくりと。

4 お腹をへこませ伸び上がる

口から息を吐き続けながら、かかとを上げてください。身体は伸ばして、お腹はつねに引っ込めたままです。これを10秒×6回繰り返します。

腸腰筋
エクササイズ
中級編
1

呼吸のタイミングをつかんで力強く両手足を動かそう

腸腰筋エクササイズ中級編は、使い道の多いエクササイズです。ウォーキングの前後や、信号待ちの間などにも取り入れてください。ダイレクトに腸腰筋を意識できるようになれば、効果が出ている証拠です。慣れないうちは手だけを動かして、呼吸のコツをつかんでください。

1 ヒジの位置を下げずに指先を胸前で合わせる

ヒジが肩と平行になるくらいまで腕を上げて、胸の前で両方の手指を合わせます。指はやや開き気味にして、まっすぐ立ちましょう。

2 左右に腕を振りながら4回で息を吸っていく

腕を左右に振りながら、4回で鼻から息を吸います。息を吸うテンポに合わせ、手と同じタイミングで両足を交互に上下させます。

3 さらに6回かけて息を吐き続ける

❷と同じ動きを続けながら、今度は6回で口から息を吐いていきます。4回で吸って6回で吐くテンポで、6セット繰り返してください。

腸腰筋エクササイズ中級編 2

ヒザを高く上げて身体をひねり 4回で吸い6回で吐く呼吸を繰り返す

中級編のふたつめは、ヒザを交互に高く上げるエクササイズです。このとき、ヒザはできるだけ高く上げるように心がけてください。90度以上、ヒザを上げられるようになれば合格です。何回も続けるのはハードですが、自分の100%以上の力を出すように、限界までチャレンジしましょう!

1 体軸を意識して直立の姿勢をキープ

まずは正面を向いて、背筋をピンと伸ばすように姿勢よく直立。お尻をキュッと締めて、身体の軸がブレないように意識してください。

2 ガッツポーズのヒジを反対側のヒザのほうに

ガッツポーズのように曲げたヒジを反対側のヒザと合わせるように身体をひねり、リズムよくステップしながら4回で鼻から息を吸います。

3 4回ステップで吸い6回で吐くを繰り返す

❷と同じステップを繰り返しながら、テンポよく6回で口から息を吐きます。4回で吸って6回で吐くテンポで、6セット繰り返します。

腸腰筋
エクササイズ
中級編
3

テンポよく動いて美脚を実現する!

中級編の最後は、片足をリズミカルに上げながら、深い呼吸を繰り返すエクササイズです。呼吸法を取り入れずに、ただ足を上げているだけでは、浅層筋にしか動きが伝わりません。ロングブレスの呼吸を取り入れることで、深層筋を効果的に強化できるのです。

1 腸腰筋の位置をしっかり確認

手のひらを腸腰筋の上に置いて、筋肉の位置を確かめるようにしながら、まっすぐに立ちます。丹田に力を入れ、お尻をキュッと締めましょう。

2 片ヒザを 90 度に上げて下ろす

片ヒザを 90 度になるように上げて、1秒に1回のテンポで左右に下ろします。体幹を意識して、バランスを崩さないようにしましょう。

3 足をクロスさせ つま先から着地

足を身体の前でクロスさせ
ようにして、反対の足の外
のほうへ、つま先から着地
せます。着地したら、その
を元の位置に引き上げます。

4 ヒザを曲げて 足を元の位置に

足を元の位置に戻したら、すぐに今度は上げた足を外側に踏み出します。足を上げるときは、ヒザを90度になるまで曲げてください。

5 4回で吸って 6回で吐く

❶～❺のステップをテンポよく繰り返していきます。4回で鼻から吸って6回で口から吐くで1セット。左右3セットずつ計6セット行います。

美しく若々しいウエストラインを!

腸腰筋エクササイズ上級編 1

上級編の最初は、腰を落として身体を左右にひねりながら、呼吸法を取り入れるエクササイズです。ゆっくりとした動きを心がけ、汗をかくほどの深く強い呼吸をしてください。身体をひねりながら呼吸をすることで、美しいくびれが生まれるのです。

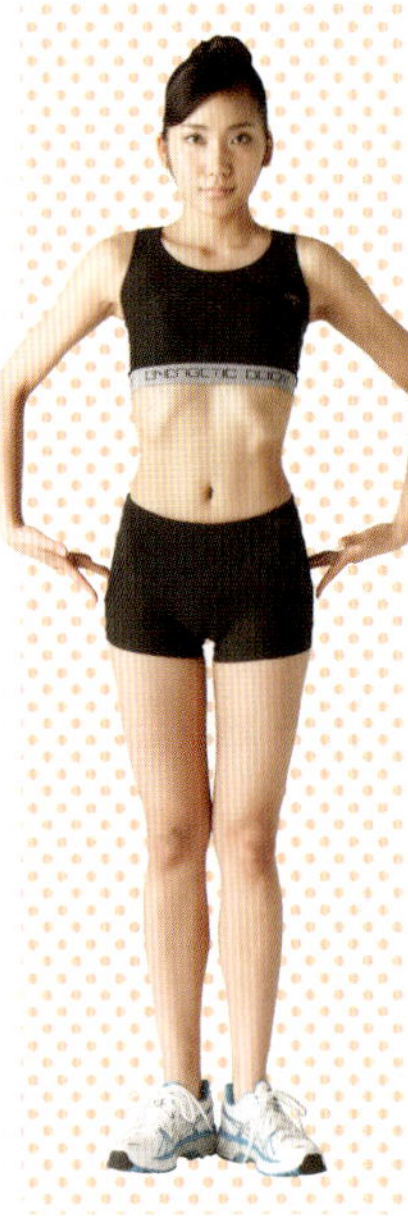

1 お尻に力を入れお腹をへこます

かかとを上下に動かしながら、お尻の筋肉の位置を確認。丹田にも力を入れて直立し、鼻から3秒で息を吸います。

2 右腕と左足を大きく前方へ

7秒かけて口から強い息を吐きながら身体を左へひねり、右腕と左足を同時に大きく前へ。左腕は大きく後ろに引くようにします。

3 最初の姿勢に戻って体軸を再び確認する

最初の姿勢に戻って、体軸を再び確認します。足を動かす運動でも、ポイントになるのは丹田です。つねに力を入れて、3秒で鼻からゆっくり息を吸って再スタートしましょう。

4 左腕と右足を前に出しながら息を吐く

❷とは逆に、今度は左腕と右足を前に出しながら身体を右へひねり、7秒で口から強い息を吐き続けます。腕と同じ側の足を踏み出さないように。左右交互に3回ずつ10秒×6回繰り返してください。

足の内側の筋肉を意識してO脚を改善

腸腰筋エクササイズ上級編 2

腸腰筋をストレッチするように伸ばすエクササイズです。足の内側の筋肉を意識しながら、軸足のかかとは動かさないように注意。このエクササイズを繰り返すと、足の内側に筋肉がついてくるのでO脚も改善できます。血流もよくなって、むくみも解善!

1 お尻とお腹を締め体軸を確認する

お尻とお腹をキュッと締めて、体軸を確認しながらまっすぐに立ちます。お腹をへこませて、3秒で鼻からゆっくり息を吸い込んでスタート!

2 足の内側に力を入れて真横にスライドさせる

足の内側に力を入れて、7秒かけて口から強い息を吐き続けながら、左足を真横にスライド。同時に右腕は押すように左足側へ伸ばし、左腕は後ろに大きく引きます。このとき、残した右足のかかとを浮かせず、できるだけ腰を落としましょう。

3 最初の位置に戻って再び体軸を確認

最初の位置に戻って体軸を再び確認します。お腹にはずっと力を入れたままです。ゆっくり鼻から３秒で息を吸って、再スタートしましょう。

4 左右交互に3回ずつ計6回繰り返します

７秒かけて口から強い息を吐きながら、今度は右足を真横へスライド。左腕は押すように右足側へ伸ばし、右腕は後ろに引きます。お腹はつねにへこませたままです。左右交互に３回ずつ 10 秒×６回繰り返します。

腹斜筋と腸腰筋を同時にエクササイズ

腸腰筋エクササイズ上級編 3

美しいウエストラインをつくるためには、腹斜筋と腸腰筋の同時エクササイズが効果的。上半身と下半身の捻転差に呼吸を組み合わせてください。身体をひねりながら、強い息で筋肉に圧をかければかけるほどくびれ効果がありますから、十分に身体をひねってください。

1 手のひらを開いて両腕を頭の上へ

お腹に力を入れた状態で腕をまっすぐ頭上に。手のひらを開いて、3秒で鼻から息を吸い込みます。

2 息を吐きながら上体をひねる

左足を斜め右側に踏み出しながら左に上半身をひねって、口から7秒かけて強い息を吐きます。両腕は左後方に振り下げ、なるべく捻転差を出すようにしてください。

3 最初の姿勢に戻り3秒で息を吸い込む

7秒で息を吐き切ったら、最初の姿勢に戻ります。身体を上下に引っ張るようにして姿勢を整えてから、❶と同じポーズを。鼻から3秒でゆっくり息を吸って、再スタートします。

4 右足を踏み出して右方向へひねる

7秒で口から強い息を吐き続けながら、右足を斜め左に踏み出し、同時に両腕を右後方に振り下げて捻転差を出します。左右交互に3回ずつ10秒×6回繰り返しましょう。

美木良介に訊け! 2

Q ロングブレスエクササイズを始めたのですが、美木さんのように勢いよく息が吐けません。どうしたらいいのでしょうか?　(45歳／女性)

A 頬を思い切り膨らませ声を出して息を吐きましょう

イベントなどでロングブレスを実践していると、動きはきちんとできているのに呼吸法がまったくともなっていない方をよくお見かけします。おかげさまで、ロングブレスは両手を大きく振り下げるポーズが、みなさんに広く認知していただくようになったのですが、ポイントになるのは呼吸法です。手の動きよりも、お腹のへこませ具合にもっと注目してください。

息を吐くときに力が入らず上手くできない方は、まずは呼吸だけを確実にできるようにトレーニングしましょう。吐くときにほっぺたを膨らませて「ブォーッ」と声を出すようにするのがコツです。

口をつぼめて息を吐き切って、丹田がプルプルと震えるのを実感してください。そこからさらに力を入れるようにしましょう。「痛い」と感じてはじめて、ロングブレスは効果があるのです。必ず正しい呼吸法をマスターしてください。小顔効果も期待できます。

第3章

背中を美しくする
ロングブレス

背中が美しくなると、身体全体が美しくなります。さらに、筋肉の収縮や緊張による血行不良が原因と言われる肩こりも、ロングブレスで改善を目指します。

背中を鍛えて肩こりを解消

背中を美しくすることが美しい身体をつくる近道！

背中の筋肉を鍛えると、背中が美しくなるだけでなく、身体全体が美しくなります。さらに肩こりの解消にも効果的です。

肩こりの主な原因は、デスクワークなどで長時間同じ姿勢をとることで、筋肉の動きが低下してしまうことだと言われます。これによって血流も滞ってしまい、自律神経系にも乱れが生じてしまうのです。

肩こりの自覚があって「背中を丸めていたほうが楽」という人は、特に注意です。これは正しい姿勢をとっていると疲労感があるということだからです。筋力が弱まっていて自分の身体を正しく支え切れなくなってきているのです。

肩こりを解消するにはどうしたらいいのでしょうか？　マッサージやツボ押しなどの施術を受けているときはとても心地よく、終わったあとも一時は肩こりが治ったように感じられるかもしれませんが、根本的な解決にはなっていません。肩こりを根本から解消するには、肩回りの筋肉をやわらかくしなやかな状態にして血流をよくし、筋肉を正しく発達させて動きをよくするほかに方法はないと私は考えています。

ロングブレスでは、肩甲骨や首のつけ根から肩先、背中の真ん中くらいまである僧帽筋をトレーニングして、体幹から鍛えることによって、肩こりの解消を目指します。

まずは、肩甲骨を動かすエクササイズから始めます。肩甲骨が固くなっている人が多いので、少しずつストレッチを重ねて伸ばすようにしてください。実際、肩甲骨がやわらかくなると、身体全体が軽く感じるようになるはずです。

このエクササイズに慣れたら、次は鉄棒を使った懸垂のエクササイズです。これはウォーキングで公園に行ったときに実践することをおすすめします。年齢や性別を考慮して、2段階のトレーニングを考えてみましたので、体力に応じて無理のない程度に取り入れてください。

ロングブレスで背中をトレーニングすると、同時に体幹が鍛えられますから、自然に姿勢もよくなってきます。姿勢がよくなればスタイルもよく見えて、ダイエットの効果がより一層引き立ってきますよ。

肩甲骨を動かして頑固な肩こりを撃退

背中を美しくするロングブレス初級編

肩こりの原因になりやすい、肩甲骨と僧帽筋の緊張をやわらげるための集中エクササイズです。最初は肩甲骨を背中の真ん中でつけるのは難しいかもしれませんが、続けるうちにやわらかくなってきますので、あきらめずチャレンジしてください。

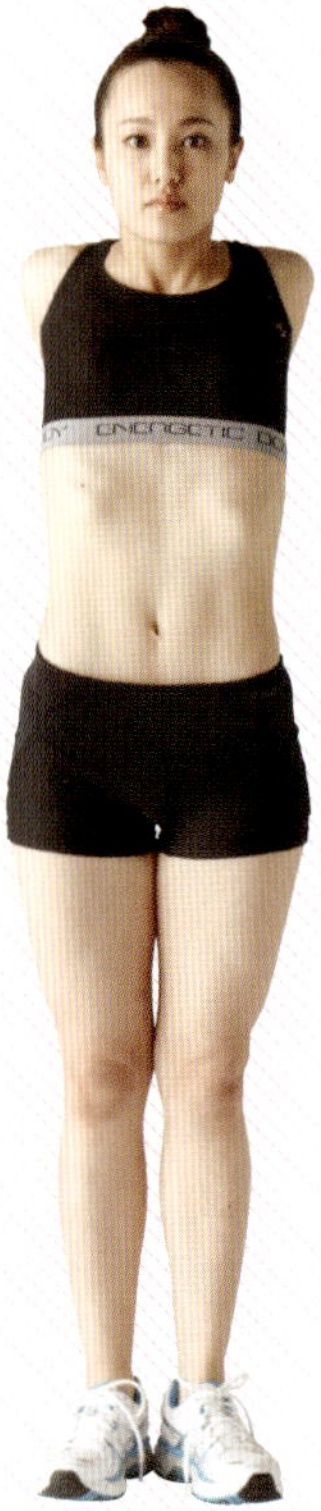

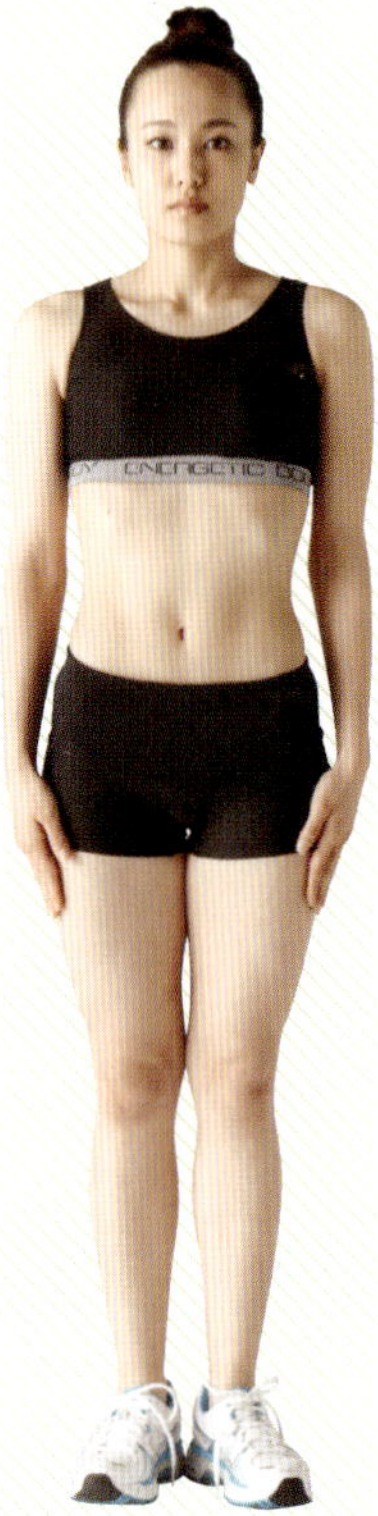

1 肩を開いて姿勢よく直立

肩をグッと開いて正面を向き、丹田を意識しながら直立します。腕は自然な形でまっすぐに下ろします。

2 背面で手を組み肩を大きく開く

背面で両手を組んで肩を開きます。両側の肩甲骨が、背中の真ん中で合わさるようになるのが理想です。この状態で、鼻から３秒かけてゆっくり息を吸い込みます。

3 背面で組んだ腕を上げながら口から7秒で息を吐き続ける

背面で組んだ腕をできるだけ上げながら、口から7秒かけて強い息を吐き続けてください。お腹はつねにへこませたままです。これを6回繰り返しましょう。

公園の鉄棒を使った女性向きの懸垂

背中を美しくするロングブレス中級編

ウォーキングで公園に行ったらチャレンジしてほしい、背筋エクササイズ。中級編は懸垂ができない人でも取り入れられる、足を地面につけて行う簡易懸垂です。全部の指を順手にして鉄棒を持ち、背中の筋肉への負荷を強めてください。

1 肩幅より広めに鉄棒をつかむ

足は地面につけたまま、肩幅よりやや広めに鉄棒を順手でつかみます。手を広げすぎると背中ではなく、脇に力が入ってしまうので注意。鼻から３秒でゆっくり息を吸いながら、身体を持ち上げます。

2 息を吐きながら身体を下ろす

大きく口から息を吐きながら、できるだけゆっくりと身体を下ろしていきます。最初は5～6回できれば十分です。このエクササイズを週２回程度取り入れてください。

身体を下ろしながら7秒で息を吐き出す

背中を美しくするロングブレス上級編

上級編は、足を地面につけずに行う懸垂です。肩幅よりも拳ふたつほどグリップを広めにとり、指をすべて順手にするのは、中級編と同様です。脇を締め上げるような感覚で、背中から脇腹にかけての広背筋を意識して、身体を持ち上げてください。

1 順手で鉄棒を持ち足を浮かせる

グリップは肩幅よりやや広めが基本。自分なりに背中の筋肉に効くポジションに調整してみてください。その状態から鼻から3秒で息を吸いながら、身体を持ち上げます。

2 吸いながら上げ吐きながら下へ

脇を締め上げるような感覚でお腹をへこませて、息を吸いながら身体を持ち上げたら、口から息を吐きながら、できるだけゆっくりと身体を下ろします。目標は10回程度。週2回のペースが理想です。

美木良介に訊け! 3

Q たくさん汗をかくと、ダイエットの効果が高いと思います。サウナスーツを着てロングブレスをするといいのでは?（28歳／男性）

A 汗をかきたいのなら、お風呂で半身浴しながらロングブレスを

これはまったくおすすめできません!

サウナスーツを着て出る汗と、ロングブレスの汗とでは意味が違うのです。サウナスーツを着ていると、激しい運動をしなくても汗が出ますよね。あれは身体を外側から温めて水分を絞り出しているだけなので、意味がありません。

第一、サウナスーツでウォーキングをしたら、心臓に負担がかかって危険です。途中で気分が悪くなって、長時間歩くことなんてできませんよ。ロングブレスウォーキングは、通気性がよく速乾性のあるスポーツウエアで行うのがいちばんです。

汗を多めにかきたいなら、お風呂で半身浴をしながら3秒で吸って15秒で吐く呼吸法がおすすめです。心臓に負担もかからず、身体の内側からしっとりと汗が出てきます。代謝がよくなると肌はもちろん、髪や骨までも健康になって、若返りを実感できます。

第4章

くびれ集中エクササイズ

前著『1週間即効ブレスプログラム』でも紹介した3つのくびれエクササイズは、今回の『必やせ最強ブレスプログラム』でも欠かせません。日頃あまり意識しない脇腹の筋肉を鍛えると、ウエストがキュッと引き締まってきます。理想のXボディを手に入れるため、とくに女性に取り入れてほしいエクササイズです。

ウエストサイドをすっきり美しく!

くびれ集中エクササイズSTEP 1

まずはじめに、ウォーキングの前に行うと効果的な、横の動きのエクササイズをご紹介します。このエクササイズでウエストサイドを集中的に鍛えて、理想のXラインを手に入れてください。丹田を意識して、つねにお腹はへこませたままです。

1 ヒジを曲げて両腕は胸の高さ

足を肩幅に開いて、ヒジを曲げて両腕を胸の位置まで引き上げます。脇腹に意識を集中させて、鼻から3秒で息をゆっくりと深く吸い込みます。このとき、背中で両対の肩甲骨がくっつくくらい、できるだけ大きく腕を広げましょう。

2 腕を伸ばし身体を横に倒す

両腕を交差させるような感覚で伸ばしながら、口から7秒かけて強い息を吐き、上半身をゆっくり横に倒していきます。

3 元の姿勢に戻り両腕を広げる

身体を最初の姿勢に戻し、両対の肩甲骨がくっつくくらい大きく腕を広げたら、再び3秒で鼻から深く息を吸っていきます。続けているうちに身体が前屈気味になってしまうので、そうならないように注意してください。

4 腕を交差させて身体を反対側へ

7秒かけて強い息を吐きながら、❷とは反対方向に上半身を倒します。両腕は交差させる感覚で伸ばしてください。伸びている側のウエスト横の筋肉を意識し、左右交互に3回ずつ、10秒×6回繰り返しましょう。

捻転差を利用して割れた腹筋を目指す

くびれ集中エクササイズ STEP 2

憧れの「割れた腹筋」のために欠かせないエクササイズです。腹斜筋をひねって鍛えることで、ウエスト回りのぜい肉を引き締めます。両腕にも力を入れて運動しますから、ウエストだけでなく、二の腕のシェイプにも大きな効果が期待できます。

1 両腕は水平に足を肩幅に開く

足を肩幅に開きながら、両腕を真横へ地面と水平に上げます。お腹とお尻の筋肉を意識して、鼻から３秒で息をゆっくりと吸い込みます。

2 左腕は水平に身体をツイスト

左足を右前方へ折り曲げ、左腕は水平に保ったまま、右腕はガッツポーズのような姿勢をとって身体を左へツイスト。左腕はなるべく後ろに引くように身体をひねり、口から７秒かけて強い息を吐き続けてください。

3 前傾に注意して最初の位置に戻る

❷の体勢で息を吐き切ったら、最初の姿勢に戻ります。腕を真横へ水平に伸ばして、再び鼻から3秒でゆっくりと息を吸い込んでください。身体が前のめりにならないように注意しましょう。

4 身体を右へツイスト ヒザは高く上げる

口から7秒かけて強い息を吐き続けながら、❷と逆方向の右側に身体をツイストします。右腕は水平にしてなるべく後ろへ引き、左前方に右足を上げるときは、ヒザはできるだけ高い位置に。左右交互に3回ずつ、10秒×6回繰り返します。

余分な背中のお肉をシェイプアップ！

くびれ集中エクササイズ STEP 3

身体をひねりながら強く長い息を吐いて、美しいくびれをつくる究極のエクササイズです。正しい位置まで身体をひねるのは難しいので、最初は鏡の前で確認しながら行ってください。このとき、後ろ側になるほうの腕も、できるだけ高い位置をキープしましょう。

1 両足を軽く開きゆっくりと吸う

両足を軽く開いてお尻を引き締めながら、鼻から3秒でゆっくりと深く息を吸い込んでいきます。お腹をへこませながら息を吸い込むことを忘れないでください。

2 右腕は後方の壁を押し出す感覚

7秒かけて口から強い息を吐き続けながら、上半身を左へ水平回転させます。右腕は後ろの壁を押すような感覚で伸ばし、左腕はできるだけ後ろへ引っ張って、捻転差をつけてください。

3 最初の体勢に戻り鼻から3秒で息を吸う

最初の体勢に戻って、再び鼻から3秒で深くゆっくりと息を吸い込みます。かかとをしっかりと地面につけて、前傾姿勢にならないように注意しましょう。

4 右腕の位置に注意して再び身体を水平回転

左腕を後ろの壁を押すように伸ばしながら、上半身を右へ水平回転させて、口から7秒かけて強い息を吐き続けます。右腕が下がらないように注意してください。腰が上半身と一緒に後ろを向かないよう、10秒×6回繰り返します。

証言

腰痛がすっかり改善されて
ドライバーの飛距離が伸びました！

プロゴルファー **奥田靖己** さん（52）

十数年前から腰痛がひどくなって、まともにゴルフができない状態になっていました。朝起きたときからすでに腰に痛みがはしるほどで、ドライバーを振るとその痛みからコケてしまうこともあったくらい。いろいろな治療法を試したけれど、なかなか改善されませんでした。

ゴルファーとしての危機に直面していたそんなとき、美木さんのロングブレスダイエットに出合えた。正直、最初に知ったときは「呼吸法で腰痛が治るわけがない」と半信半疑でした。でも、ほかの治療法で治らなかったのだから、とりあえず試してみようかと。すると、始めて1カ月も経たないうちに、痛みがすっと引いてくれた。ロングブレスダイエットで腹横筋が鍛えられて、自前のコルセットの役割を果たしてくれるようになったんです。僕の場合、朝晩2分ずつやっただけでベルトの穴がふたつ減り、身体も引き締まりました。

これまでは18ホールを自分の足で歩き、最終ホールのティーショットを思い切り打つことができればいいと考えていましたが、いまでは10日間連続でプレーしても腰痛が出ないまでに回復しました。さらに、ドライバーの飛距離も伸びたんですよ！　ロングブレスダイエットに出合えたことに感謝です。

第5章

体幹を鍛えて健康な身体を手に入れる

普通の体幹運動に呼吸法をプラスすると、その効果は何倍にもなります。いずれのエクササイズも筋肉に呼吸の負荷をかけるため、決して楽ではありませんが、体力に合わせてチャレンジしてください。

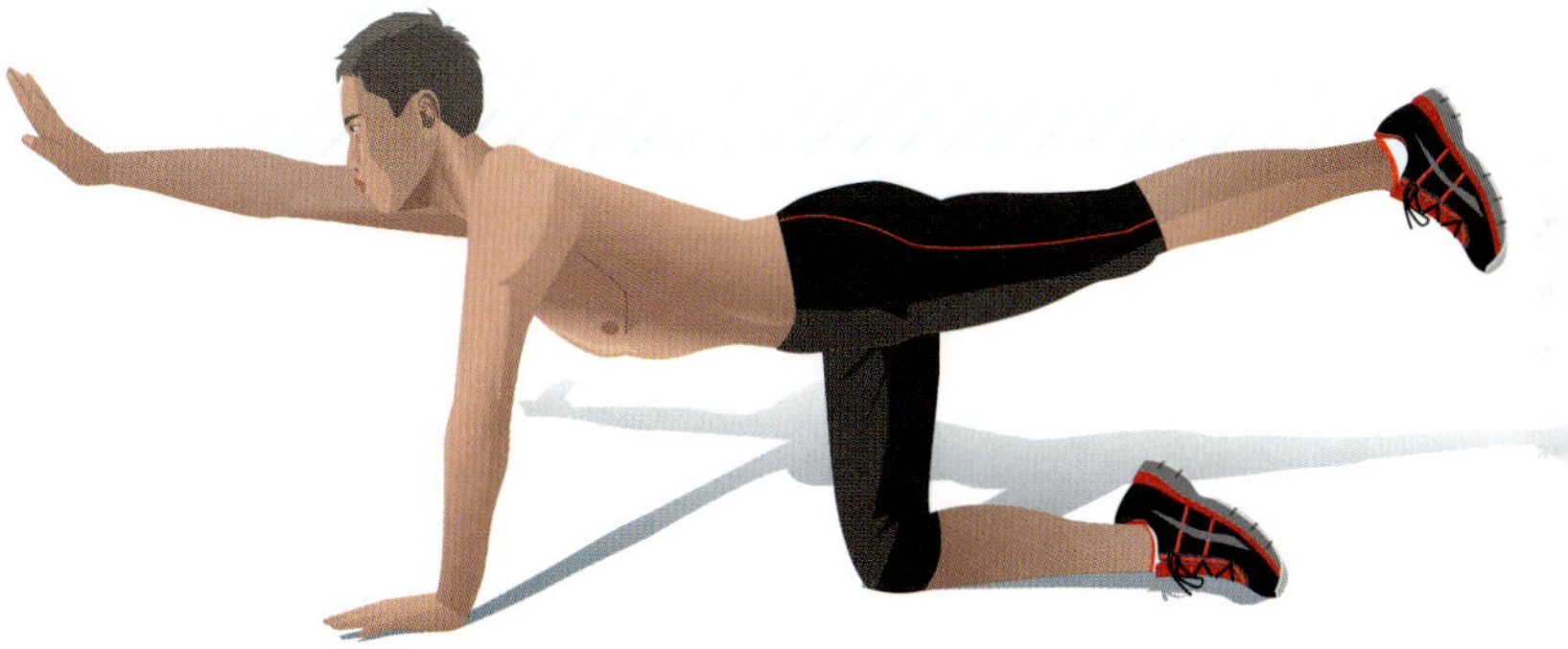

体幹を鍛えるわけ

体幹運動に呼吸法をプラスして基礎代謝の高い筋肉を効果的に鍛える

有名アスリートなどのトレーニング法として最近、耳にすることが多くなってきた体幹トレーニング。「それって、プロのスポーツ選手だから必要な、専門的なトレーニングでしょ?」と思っていらっしゃる方も多いかもしれません。しかし、体幹トレーニングとは、誰にでも必要なベーシックなトレーニングなのです。

では、体幹とはどの部分を指すのでしょうか?

体幹とは身体の軸になっている部分のことです。身体を樹にたとえると、腕や足は枝の部分。樹木の幹にあたる胴体の部分が体幹です。文字どおり、この部分の筋肉を鍛えることによって、身体の真ん中に1本の芯が通ったように安定して、運動していても身体の軸がブレなくなってきます。背筋もしっかりと伸びて、きれいな姿勢を保つことができるようになるのです。

たとえば、ゴルフをやっている方などは、軸がブレなくなるのでフォームも安定して、飛距離も伸び、スコアもよくなるでしょう。そのほか、テニスやランニングにも体幹トレーニングは必須です。

また、体幹部にある筋肉には、「赤筋」と呼ばれるエネルギー燃焼能力の高い筋肉が多く存在しています。赤筋は、呼吸のために肺を動かしたり、姿勢を維持するために骨を支えたり、血液循環を促すための伸縮性を備えていたりするなど、生命維持のために働く重要な筋肉です。基礎代謝を上げてやせやすい身体をつくるためにも、この体幹トレーニングが大切になってくるのです。

ロングブレスの呼吸法を取り入れた体幹トレーニングのいちばんの特徴は、自分で負荷を調節できる呼吸をしながら運動をするので、体幹の筋肉（＝インナーマッスル）にじかに効くことです。器具を使ったトレーニングとは異なり、初めてトレーニングをする人でも自分の能力以上の過剰な負荷がかかってケガをしたり、筋肉を痛める心配もありません。どなたにも自信を持っておすすめすることができます。

もちろん、小学生くらいのお子さんにも有効です。子どもの頃から体幹を鍛えると、スポーツが上達するだけでなく、勉強していても疲れにくい身体になって、学業にも好影響を与えます。初級編なら、小学生でも十分にこなせます。

体幹を感じながら呼吸で負荷をかける

体幹エクササイズ初級編 1

まずはL字に曲げた両ヒジを床につけたまま、ロングブレスの呼吸法を取り入れたエクササイズです。注意したいのはうつ伏せになったときに、腰の部分だけが下がって身体がたわんでしまうこと。この姿勢だと腰に負担がかかって、かえって腰痛の原因になります。

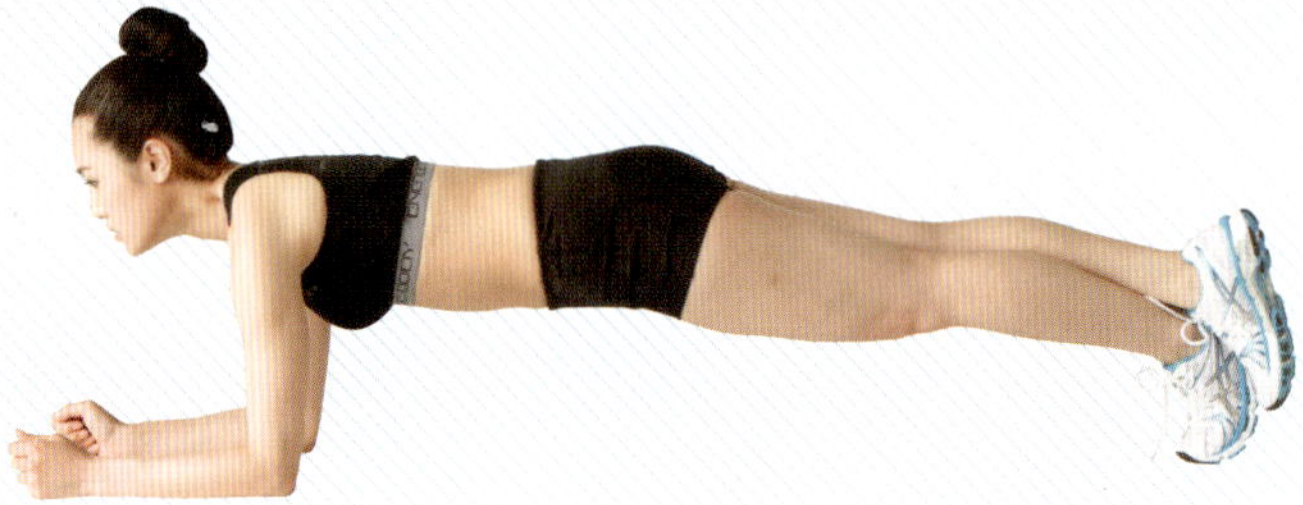

1 ヒジとつま先で身体を支える

ヒジと片方のつま先で身体を支えて、最初の姿勢をとります。頭が下を向いてしまったり、腰が落ちないように注意。身体はつねに一直線を心がけましょう。

2 3秒で息を吸い7秒吐き続ける

❶の姿勢を保ちながら、3秒で鼻から息を吸って、7秒かけて口から吐き続けます。10秒×6回繰り返します。

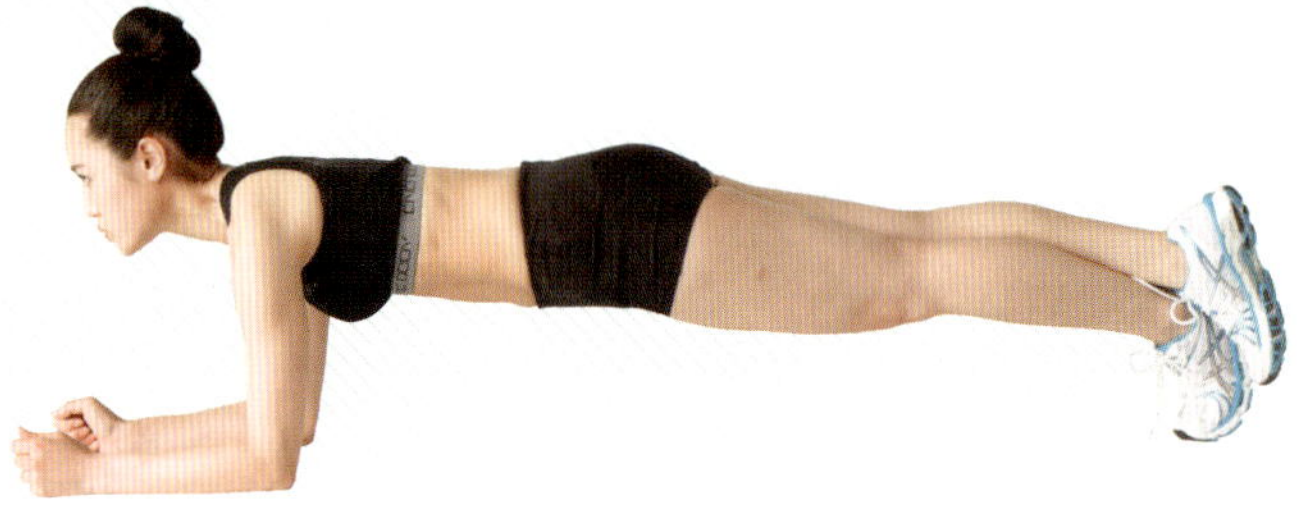

体幹エクササイズ初級編 2

ウエスト横を鍛えて理想のくびれを!

次は身体を横にして、体幹のサイド部分に効かせるエクササイズです。最初の姿勢をとったとき、すねの外側が床につかないように。姿勢自体はそれほどハードではありませんが、深い呼吸をすることによって圧が筋肉に届きます。いつも以上に呼吸を意識してください。

1 片ヒジで身体を支え身体はまっすぐに

横になってL字に曲げた片ヒジで身体を支え、腰を浮かして身体を一直線に保つようにします。両足は重ねるようにして、もう一方の腕を真上に上げてバランスをとってください。

2 左右6回ずつ計2分で体幹バランスを養う

❶の姿勢を保ちながら、3秒で鼻からゆっくり息を吸ったら、7秒かけて口から吐き続けます。左右各10秒×6回＝12回（2分）繰り返してください。

下腹部の体幹強化でお腹ぽっこりを解消

体幹エクササイズ初級編 3

仰向けになって行う、下腹部の体幹のためのエクササイズです。呼吸による負荷が下腹部にかかるので、お腹ぽっこりの撃退に役立ちます。お尻にキュッと力を入れて、両足は広げずにぴったりとくっつけたままにしましょう。10秒×6回繰り返します。

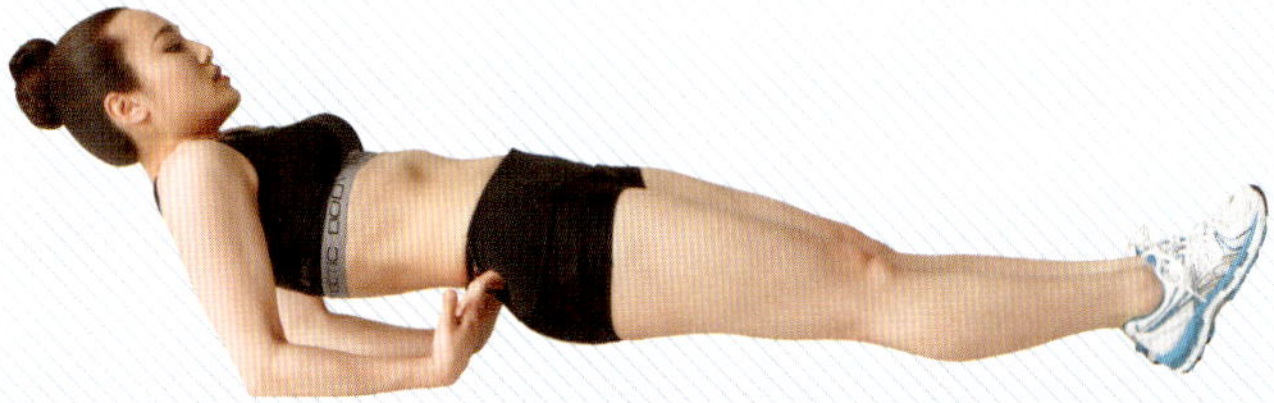

1 仰向けになって腰を浮かせる

仰向けに寝て両ヒジを曲げ、腰を浮かせます。両手指をお尻に添え、腰を支えてください。この体勢で、鼻から3秒で息を吸い込みます。このとき、お尻はキュッと締めます。

2 丹田を意識して7秒で強く吐く

この体勢で口から7秒かけて強い息を吐き続けます。丹田に意識を集中しましょう。体力のある方は、手指で腰を支えずにトライしてみてください。

バランス感覚を養い美脚を手に入れる

体幹エクササイズ初級編 4

初級編の最後は、片手と片ヒザをついて、バランスをとりながら体幹全体を鍛えていきます。身体がグラグラと揺れてしまうのは、体幹が鍛えられていない証拠です。足の筋肉も使うので足が引き締まり、美脚効果も期待できます!

1 片手と片ヒザで身体を支える

片手と片ヒザで身体を支えながら、身体を一直線に伸ばします。後ろに上げた足が下がらないようにして、鼻から3秒でゆっくり息を吸います。

2 左右各10秒×6回 12回繰り返す

❶の姿勢のまま、口から7秒かけて強い息を吐き続けてください。左右各10秒×6回＝12回（2分）繰り返します。

体幹を安定させて身体に革命を起こす

体幹エクササイズ上級編 1

　上級編はかなりハードなエクササイズです。今回はアスリートの森拓朗さんにモデルをお願いしましたが、毎日トレーニングを積んでいる彼でも、決して楽ではありません。ロングブレスは自分の限界のちょっと先、筋肉が痛くなるくらいまでやってはじめて効果が出るもの。続けていると姿勢がよくなるなど、身体に革命が起こります!

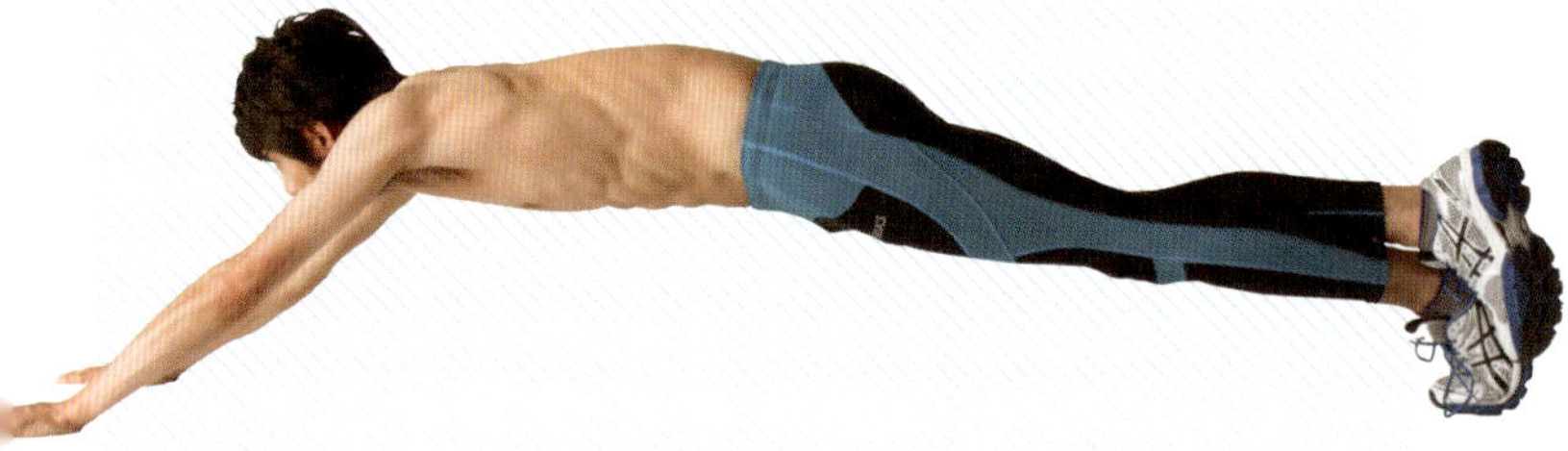

片足と両手で身体を支え深い呼吸で体幹を刺激

手のひらを頭の前につき、両手と片方のつま先で身体を支える姿勢をとります。このとき、頭が上がりすぎないように、上半身と下半身が一直線になるように心がけます。この姿勢のまま、体幹を実感しながら3秒で鼻からゆっくり息を吸って、7秒かけて口から強い息を吐き続けてください。10 秒×6回=1分繰り返します。

2点で身体を支えて サイドの筋肉を強化

体幹 エクササイズ 上級編 2

片ヒジと片足で身体を支えるハードなエクササイズに、ロングブレスの呼吸法でさらに負荷を加えます。体幹がしっかりとしていないと、身体をまっすぐに支えられません。手足でバランスをとるのではなく、体幹だけで身体を支える感覚になることが、最終的な目標です。

腰が落ちないように注意して 片ヒジと片足で身体を支える

右ヒジと右足だけで身体を支え、左腕と左足は高く上げます。体幹を意識して身体を安定させながら、3秒で鼻から息を吸って、3秒で口から一気に息を吐きます。残りの息を4秒かけて吐き続けてください。足が下がらないように注意して、左右各10秒×6回＝2分繰り返します。

シックスパックを目指して鍛える!

体幹
エクササイズ
上級編
3

　初級編3では腰を手指で支えていましたが、ここでは腰を腹筋の力だけで浮かせます。姿勢そのものは辛くなくても、ロングブレスの呼吸法を取り入れると、一気に筋肉に負荷がかかってハードなエクササイズに。より深く強い呼吸が、腹筋を割るための第一歩です。

ヒジとかかとで身体を支えて腰を高く浮かせます

ヒジとかかとで身体を支えた姿勢のまま、3秒で鼻からゆっくり息を吸って、7秒かけて口から吐き続けてください。腰が落ちないように注意して、10秒×6回＝1分繰り返します。憧れのシックスパックは、あなたのものです！

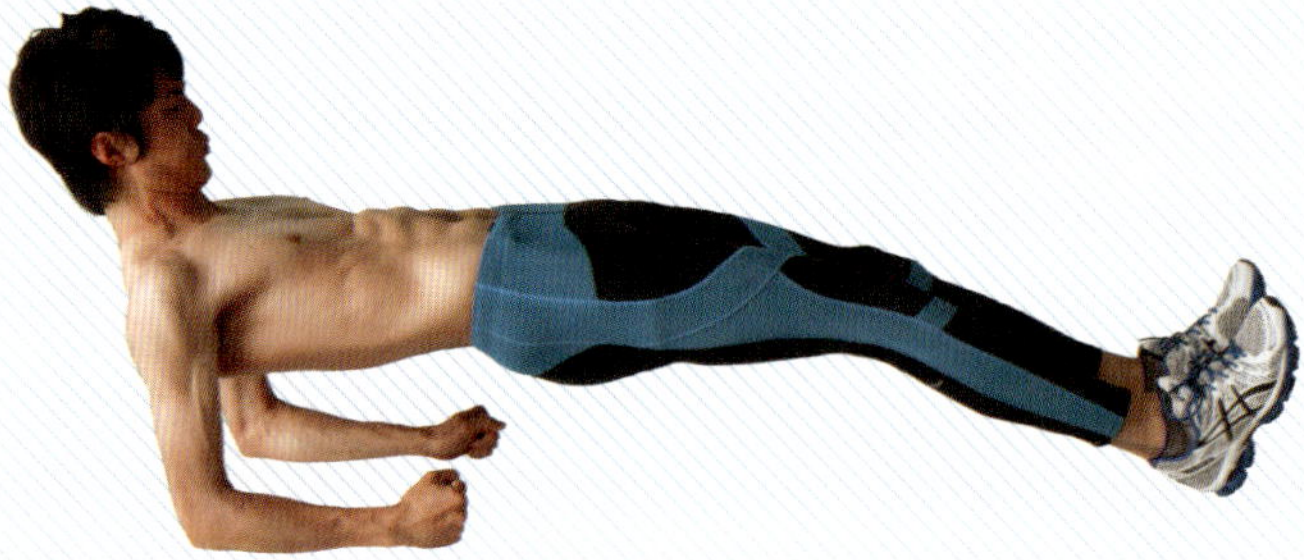

理想の力強い脚線を手に入れる!

体幹エクササイズ 4 上級編

　体幹に負荷が多くかかる、かなりハードなトレーニングです。回数を重ねるうちに手足がグラグラしてきますが、体幹の筋肉を使って、バランスをとるようにしながら支えます。身体が揺らいでしまっても、呼吸のタイミングはずれないようにしましょう。

揺らぐ身体を体幹で安定させ ロングブレスの呼吸法をプラス

右手と左つま先で身体を支えて、左手と右足を身体が一直線になるように上げます。このままの姿勢で鼻から3秒でゆっくり息を吸ってください。その後、7秒かけて口から強い息を吐き続けます。上げた足にも大きな負荷がかかるので、女性なら美脚、男性なら力強い脚線が手に入ります。左右各10秒×6回＝12回（2分）繰り返します。

ロングブレスインタビュー

たった1回だけで身体に変化を感じるロングブレスの効果に驚いています

2005年東アジア選手権 棒高跳び優勝 森 拓朗さん

いままで様々なトレーニングをしてきましたが、ただ単に回数を重ねるだけで、あまり呼吸を意識したことはありませんでした。呼吸法を取り入れる場合も、呼吸を止めて静止するトレーニングをしていたのです。

ところが、普通のトレーニングにロングブレスの呼吸法を取り入れてみて、驚きました。同じ動きでも、身体にかかる負荷がまったく違うのです。普通の腹筋運動とロングブレスを取り入れながらの腹筋運動では、僕の感覚としては、10倍くらい違うというのが正直な実感です。たとえば一般的な腹筋運動の場合、僕は何も考えずにやると30~40回はこなせるのですが、ロングブレスを取り入れると10回の腹筋ですらきつく感じます。それくらい効いているということなのだと思います。

もちろん、身体に表れる効果もまったく違いました。まず第一に、ロングブレスの呼吸法

もりたくろう

1983年、神奈川県生まれ。日本大学陸上競技部出身。専門競技は短距離、走り高跳び、棒高跳び。中学時代から陸上を始めて、05年日本選手権 棒高跳び2位、東アジア選手権 棒高跳び優勝、07年全日本実業団選手権 棒高跳び2位など、輝かしい記録を持つ。

を取り入れてトレーニングをすると、すぐに汗が噴き出てきて代謝が上がっているのが実感できます。たった1回のトレーニングでも、トレーニング後は身体がビシッと締まっているのです。特にお腹に効いているようで、わずか1カ月ロングブレスを取り入れただけで腹筋が深く割れ、全盛時の身体に戻った気がします。

　上半身を鍛える方法はいろいろありますが、下半身や丹田の集中トレーニング法はあまり見当たりません。ロングブレスは私のようなアスリートから見ても、稀少で効果の高いトレーニングです。

　美木さんは50代なのに、20代の私よりも体幹がしっかりしていて、ロングブレスエクササイズを軽々とこなしています。これからは、毎日のトレーニングにもロングブレスの呼吸法を積極的に取り入れていきたいと思っています。

美木良介に訊け! 4

Q ロングブレス歴1カ月です。先日カラオケに行ったとき「歌が上手くなったね」と言われました。そんなことってあります?（24歳／女性）

A これまで歌えなかったB'zの曲が歌えるようになりました

ハハハ。そうですか（笑）。これまで考えたこともありませんでしたが、おそらくロングブレスの効果でしょうね。

ロングブレスエクササイズを続けていると、体幹が鍛えられて腹筋も強化されるので、腹の底から声が出せるようになったのだと思います。さらに、深く強い呼吸がロングブレスの特徴ですから、それを繰り返していると、自然に肺活量が増えます。

息を吐くときには「ブォッー」と大きな声を出すので、おのずと声にもハリが出て声量が大きくなったのだと思います。カラオケに行くと、歌も上手に聞こえるでしょうね。

実は私も、ロングブレスを始めてから声量が増えて、いままで出なかった高いキーまで出るようになったんです。原曲のキーが高すぎて歌えなかったB'zの曲も、いまでは無理なく歌えるようになりました。カラオケには行きませんが、クルマの中で歌っています。

第6章

筋肉量を増やしてリバウンドしにくい身体に

ロングブレスの特徴は、体幹を中心に筋肉がつくこと。体幹の筋肉は基礎代謝量も多いので、ダイエットに直結します。健康な身体を手に入れるために、筋肉量アップはもっとも有効な手段なのです。

筋肉量を増やして基礎代謝をアップ 食べても太りにくい身体を手に入れる

筋肉量が増えると代謝がよくなるわけ

筋肉量を増やすと、どうして代謝がよくなるのでしょうか？

それは基礎代謝と筋肉の関係にあります。人間が1日で消費するカロリーの約60％を「基礎代謝」が占めています。残りの約30％が運動などで身体を動かしたときに消費される「身体活動代謝」、約10％が体内で食事を消化・吸収するときに発生する「食事誘発性熱代謝」です。激しい運動をして消費するカロリーよりも、基礎代謝のほうが圧倒的に比率が高いのです。

基礎代謝とは、何もしなくても消費されるエネルギーです。たとえ、家で1日中ゴロゴロとして寝たままで過ごしたとしても消費されます。しかも、基礎代謝のうちの約40％が筋肉で消費されているのです。これは身体全体で考えると、エネルギー消費量の約25％前後にあたります。

つまり、ロングブレスエクササイズで筋肉量を増やせば、1日のエネルギー消費量がアップするということなのです。さらに、筋肉が消費するエネルギー源の多くが脂肪と言われています。筋肉量を増やして基礎代謝が高くなれば脂肪が自然と減って、太りにくい身体、一度やせたらリバウンドしにくい身体、逆に言えばやせやすい身体が手に入るというわけなのです。

一般的に基礎代謝は、20代中盤をピークにして落ちていきます。これまでと食べる量が同じなのに、あるいは20代の頃よりも食べる量が減っているのに、年をとるとやせにくくなると感じるのはこのためです。体重が変わらなくても、その中身は筋肉から脂肪に変わっているのです。

脂肪を筋肉に変える方法は、トレーニングしかありません。ロングブレスは深い呼吸をしながら身体の中心部に働きかけて、体幹の筋肉を増やすエクササイズです。第5章でも説明させていただいたとおり、体幹にある「赤筋」と呼ばれる筋肉は、呼吸をしたり、血液を循環させたり、骨を支えるなど生命維持のために活動する筋肉で、ほかの筋肉よりも体脂肪を燃焼させる能力が高いと言われています。

体幹の筋肉を鍛えることは、基礎代謝アップ、つまりダイエットにはいちばん効果的なのです。私を信じてすぐに始めましょう！

いつもの腕立ても呼吸法で効果倍増!

ロングブレス
腕立て伏せ

いつもの腕立て伏せも、ロングブレスの呼吸法を加えると体幹に効き、よりハードなものになります。自分の限界がやってきても、その先のトレーニングが筋肉をつくります。週に2回程度、最初は1セット、最終的には3セットできることを目指してください。

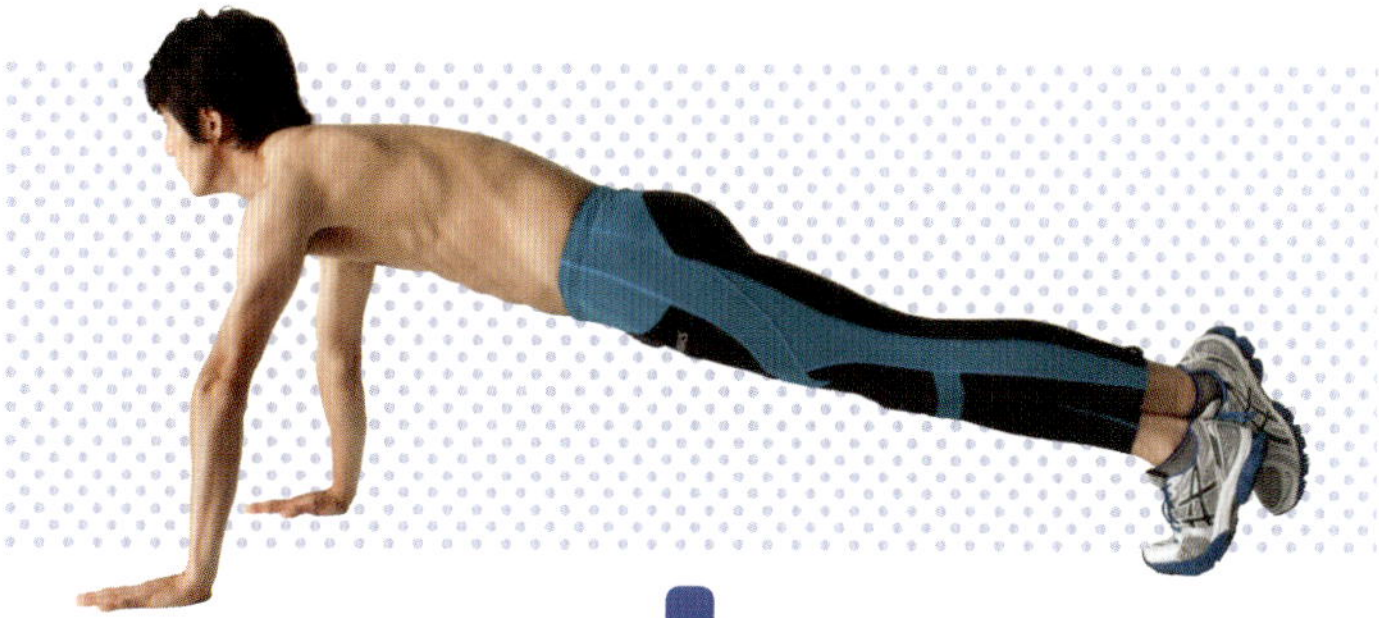

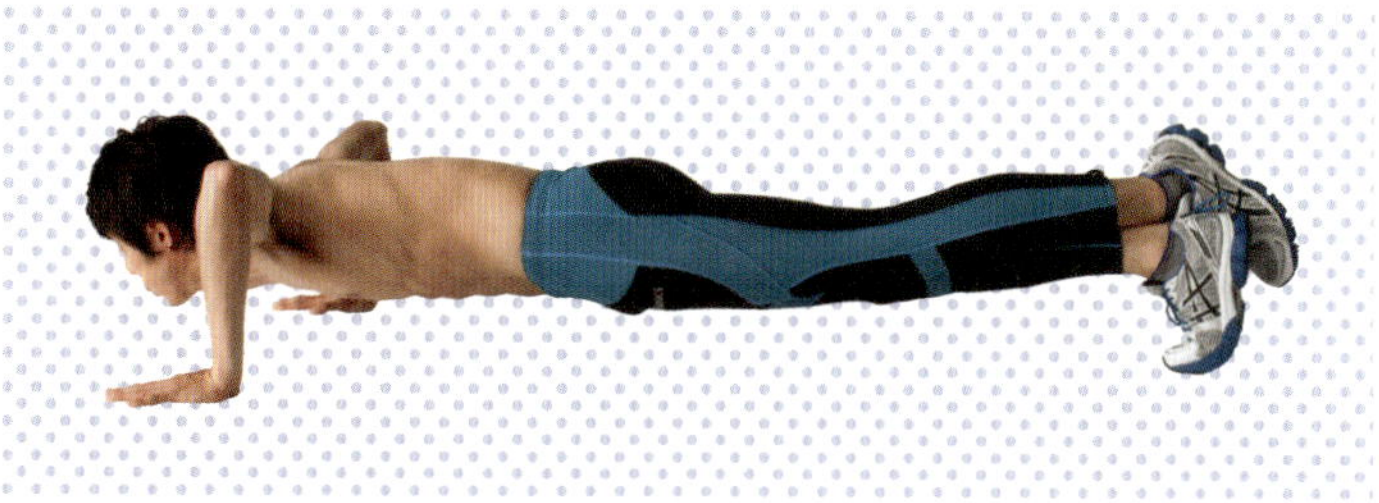

1 両腕を肩幅より広めに開いて息を吐きながら体を落とす

腕は肩幅よりも広めに開き、足は重ねるようにして、片方のつま先で身体を支えます。腰を持ち上げて肩、お尻、足のラインが横から見て一直線になるように姿勢を保ち、鼻から3秒で息を吸います。7秒かけて口から強い息を吐き続けながら、ヒジを曲げてできるだけゆっくりと身体を落としていってください。この腕立て伏せを自分の限界がくるまで繰り返します。

2 ヒザをついてさらに腕立て伏せ

❶のエクササイズを限界まで行ったら、すぐにヒザをついた腕立て伏せへ。❶と同様に身体を起こした姿勢で鼻から3秒で息を吸い、口から7秒かけて息を吐きながら身体を落としていってください。両つま先で身体を支えてOKです。このエクササイズをさらに限界まで続けます。

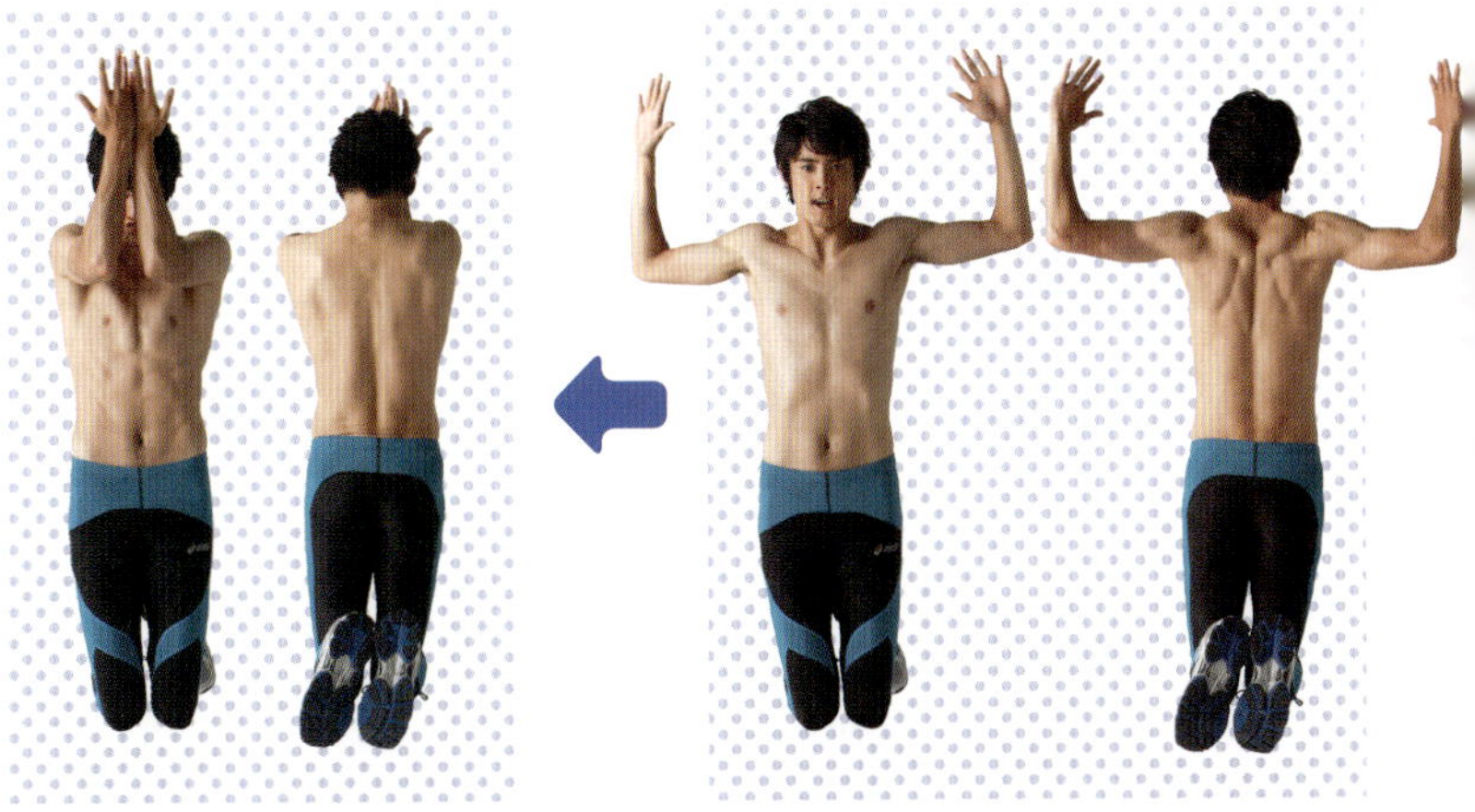

3 限界の先まで自分を追い込む上半身集中エクササイズ

❷のエクササイズが限界になったら、両ヒザをついて起き上がります。ヒジを直角に曲げて肩と平行になるまで上げ、両側の肩甲骨が背中で合わさるくらい肩を広げて、3秒で鼻から息を吸います。次に顔の前で両手の甲を合わせながら、7秒かけて口から強い息を吐き続けます。これを限界まで繰り返してください。週2回、1日3セットが理想です。

基本のクランチにも呼吸法をプラス!

ロングブレス腹筋運動 1

腹筋運動の中では初歩的なクランチも、ロングブレスの呼吸法を加えることで、体幹への効果は倍増します。基本のロングブレスの前に行うと、あとの運動がより効きやすい状態になります。

1 頭の後ろで手を組みヒザを曲げる

横になって頭の後ろで両手を組み、ヒザを90度に曲げて足を上げます。この体勢で鼻から3秒でゆっくり息を吸い込んでください。

2 ヒジとヒザがくっつくように

7秒かけて口から強い息を吐き続けながら、上半身を持ち上げます。ヒジとヒザをつけるような感覚で。限界まで繰り返しましょう。

腹筋の集中トレで脂肪を筋肉に変える

ロングブレス腹筋運動 2

腹筋を集中して鍛えるエクササイズ。ぽこっと出てしまった下腹のシェイプアップには欠かせない運動です。足を地面に近づけるとき、ヒザが曲がらないように心がけましょう。足を上げるときも90度の位置までしっかりと上げてください!

1 足をまっすぐに伸ばして上げる

横になって、ヒザが曲がらないように両足をまっすぐに90度まで上げます。体幹に力を入れ上半身をまっすぐにして、鼻から3秒で息を吸います。

2 地面の直前で足を浮かせる

7秒かけて口から強い息を吐き続けながら、地面の直前までゆっくりと足を下ろします。地面の直前で足を止めてください。このエクササイズも限界まで繰り返しましょう。

美木良介に訊け! 5

Q ロングブレスエクササイズは、朝起きてすぐにやらないと効果がありませんか?　朝は忙しいので、寝る前ではダメですか? (29歳／女性)

A 食事直後のエクササイズだけはできるだけ避けてください

確かにロングブレスダイエットは、朝起きてすぐにエクササイズを行い、それからウォーキングに出かけるというのが理想的です。私はいつも仕事に出かける前に、この流れでエクササイズをこなしてから、たっぷりの朝ごはんを食べるようにしています。

朝のトレーニングは代謝を上げて、脂肪を燃焼しやすくする効果があります。一方、夜寝る前にロングブレスエクササイズをするようにしても、寝ている間に筋肉が育って筋肉がつきやすくなるという利点もあります。程よい疲労感があるので、朝までぐっすりと眠れるのもいいですよね。このように、1日のどの時間帯でも効果はあるので、時間帯を気にせずにとにかく長く続けてください。

ただし、唯一避けていただきたいのが、食事をした直後のエクササイズです。満腹だとお腹に力が入りにくくなりますし、消化が妨げられて気分が悪くなってしまう恐れがあるからです。

第7章

ロングブレスウォーキングで総仕上げ！

エクササイズの総仕上げに取り入れたいのが、ロングブレスウォーキングです。若さと健康の源である腸腰筋をさらに鍛えるには、ウォーキングがいちばん。タイミングよく呼吸し、積極的に歩きましょう!

腸腰筋をもっと鍛えよう

正しい姿勢と呼吸法をマスターして颯爽とした歩き方を身につける

今回の『必やせ最強ブレスプログラム』で、健康と若返りのためにいちばん注目しているのが、第2章でもご紹介した「腸腰筋のトレーニング」です。腸腰筋は上半身と足をつなぐジョイント部分の筋肉ですから、ウォーキングすることでさらに効果的に鍛えることができます。ただし、毎日ただ漠然と歩いていたのでは腸腰筋は鍛えられません。しっかりと筋肉を意識して、正しい呼吸法を取り入れたウォーキングが必要です。

ウォーキングは、基本のロングブレスで身体が温まり、代謝が上がってきた直後に行うと、脂肪燃焼効果がよくなるのでおすすめです。また、腸腰筋エクササイズをして腸腰筋の位置を確認したあとに、それを意識してウォーキングをするとさらに効果的です。一般的に有酸素運動にあたるウォーキングは、20分以上続けないと効果がないと言われますが、ロングブレスエクササイズのあとに歩けば、1歩目から効果が期待できます。

私はよく自宅近くの川沿いの道をウォーキングしているのですが、いつも見かけるベテランの方々も長時間ウォーキングをしているわりには、ダイエット効果や筋肉が増えて体形が若々しくなるなどの変化が見られません。これは、正しい姿勢で歩いていなかったり、呼吸法がともなっていないから、というのが私の持論です。

正しいウォーキングのポイントは、呼吸のタイミングと姿勢です。つねに背筋をまっすぐにする意識を持って、腕を後ろに引くようにして歩きます。このときに胸を張りすぎて背中が反ったり、前のめりにならないようにしてください。踏み出す足はかかとから着地して、後ろ足もなるべく伸ばしたままで前へ送っていきます。この後ろ足の伸びがヒップアップにつながります。

ウォーキングのときは、両手はフリーにしておきましょう。ペットボトル程度でも、片手に持っていると身体のバランスが崩れてしまうので、正しい位置に筋肉がつきません。斜めがけのポシェットやウエストポーチもできるだけ避けてください。どうしてもバッグを持つ必要があるときは、左右のバランスが均等になるリュックが正解です。

ウォーキングと呼吸のタイミングを合わせるには、慣れるまでは手をお腹の上に添えて、お腹のへこみを感じながら歩くようにするとよいでしょう。手の動きを合わせるのは、それからでも遅くはありません。

ロングブレスウォーキング 1

上半身にひねりを加えた歩き方で背中のハミ肉をシェイプ！

胸の高さまで上げたヒジを振ることによって、上半身と下半身の捻転差を出し、テンポよく歩きます。両手指を合わせて、両腕の動きがバラバラにならないように。腰を限界まで回すと、背中のぜい肉がすっきりとします。つねにお腹をへこませて歩きましょう。

1 ヒジを振って捻転差を感じる

両手指を合わせて、ヒジを地面と平行になるように左右に振っていきます。身体の軸がブレないように注意しながら、前へ踏み出した足と同じ側のヒジを後ろへ。背中がゴリッというくらい身体をひねってください。

つま先をやや外側に向けた状態で、足はつねにかかとから着地。前傾姿勢にならないように注意してください。

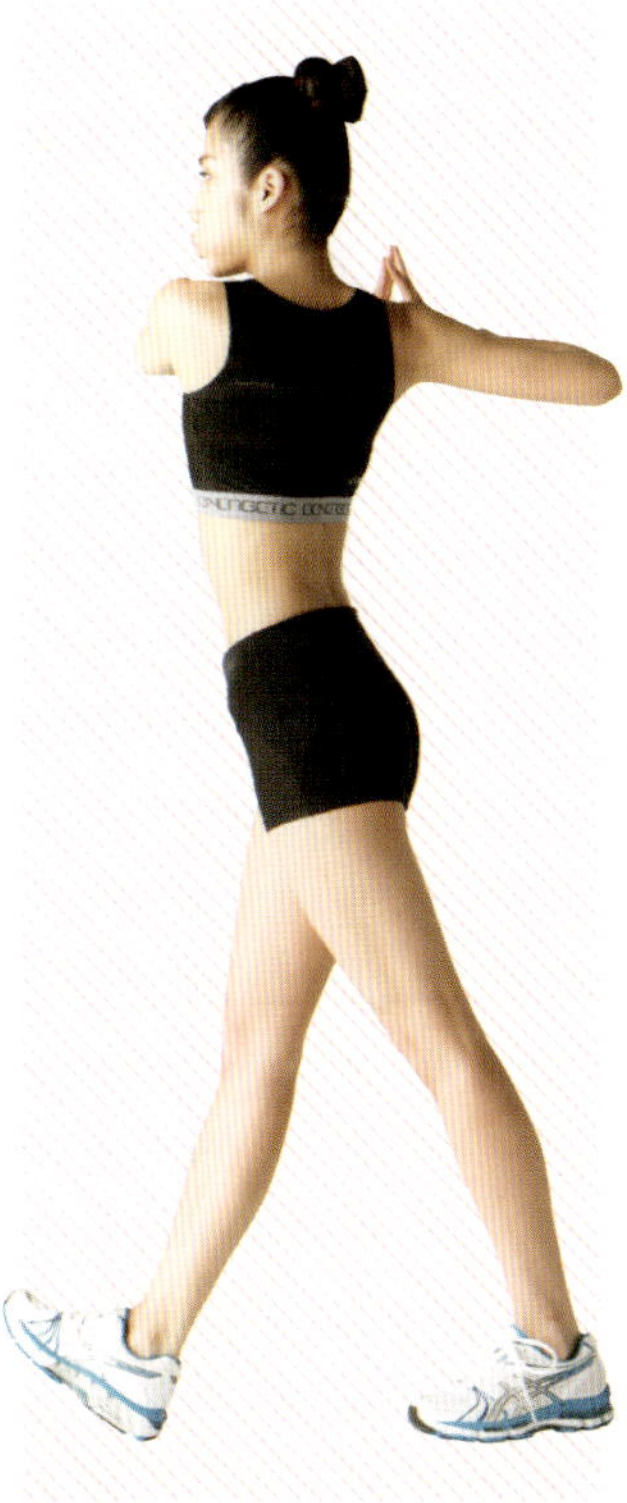

3 4歩で吸い4歩で吐くテンポで歩きます

4歩で鼻から息を吸って、4歩で口から吐きながら、リズミカルにテンポよく歩きます。両ヒジが下がらないよう注意しましょう。

2 ヒザを伸ばしてつねにかかとから着地

ヒザを伸ばしながら、かかとから着地するようにして、大きめの歩幅で一歩を踏み出します。後ろ足はまっすぐになるように残してください。

ロングブレスウォーキング 2

肩甲骨をテンポよく前後に動かして肩こり改善とヒップアップ！

肩甲骨を前後させてリズムをとりながらのウォーキングです。肩甲骨を柔軟にすることによって、肩こりの原因になる血流の停滞も改善してくれます。最初は4歩で吸って4歩で吐きますが、慣れたら4歩で吸って6歩で吐く、さらに4歩で吸って8歩で吐くテンポで歩くと効果倍増です。

1 手を腰にあてて肩甲骨を後ろに引く

両手を腰にあてて、前へ踏み出した足と同じ側の肩甲骨を後ろへ引きます。肩甲骨が背中でくっつくような感覚で歩き始めましょう。身体が前のめりにならないように注意してください。

2 まっすぐに踏み出し かかとから着地する

ヒザを曲げずに大きめの歩幅で踏み出し、かかとから着地するのがロングブレスウォーキングの基本です。最初は4歩で鼻から息を吸って、4歩で口から吐きます。慣れてきたら6歩で吐く、さらに8歩で吐くテンポで効果倍増です。

3 残した後ろ足も まっすぐに

手は腰にあてたまま、前へ踏み出した足と同じ側の肩甲骨を後ろへ引いて歩きます。残した後ろ足もまっすぐになるよう意識しましょう。お尻に力を入れることを忘れずに。ヒップアップ効果も期待できます。

ロングブレスウォーキング 3

呼吸のタイミングがつかめたら腕を後ろに上げて振り袖肉を撃退

捻転差のあるウォーキングで呼吸のタイミングがつかめてきたら、次は腕を後ろに振り上げながらのウォーキングです。腕はなるべく後ろに上げるようにしましょう。二の腕の振り袖肉を引き締めるには、いちばん効果的なウォーキングです。

1 腕を後ろに振り上げ後ろ足もまっすぐに

ヒジを伸ばして、前へ踏み出した足と同じ側の腕を後ろへ引くようにして歩きます。残した後ろ足をまっすぐにして、体軸がブレないように。大きめの歩幅で歩きましょう。

2 足をやや外側に開き かかとから着地

足はまっすぐに踏み出し、かかとはやや外側に開いた状態で着地します。お尻にキュッと力を入れて、背骨をまっすぐにしましょう。腕はなるべく後ろに大きく振り上げてください。

3 テンポよく歩きながら 4歩で吸って4歩で吐く

最初は4歩で鼻から吸って、4歩で口から吐くタイミングで。慣れてきたら4歩で吸って6歩で吐く、さらに8歩で吐くと効果倍増です。丹田を意識して、つねにお腹をへこませて歩くことも忘れずに!

手のひらを開いて二の腕の内側を刺激

ロングブレスウォーキング 4

手のひらを大きく開いて、二の腕の内側に効かせます。ウォーキングの途中で1分くらい手のひらをパーに開くだけでも、効く筋肉部位の違いが実感できます。20〜30分歩くのが理想ですが、駅までの数分でもOK。どのウォーキングも大きめの歩幅で歩くのが基本です。

1 手のひらをパーに開いて腕を大きく前後に振る

手のひらをパーにして二の腕の内側の筋肉を意識しながら、前後に腕を振って歩き始めます。大きめの歩幅で歩き、腕は思い切り後ろに振り上げてください。

2 4歩で吸って8歩で吐く呼吸法にもチャレンジ!

最初は4歩で鼻から吸って、4歩で口から吐くタイミングで。慣れてきたら4歩で吸って6歩で吐く、さらに4歩で吸って8歩で吐くようにしてください。この呼吸法をウォーキングの途中で1～2分取り入れるだけでも、効果は倍増します。足の運び方はすべてのウォーキングで共通です。大きめの歩幅で、丹田を意識しながらつねにお腹をへこませて歩きましょう。ヒザを曲げずに踏み出し、足をやや外側に開きかかとから着地してください。残した後ろ足を伸ばすこともポイントです。

食材はチョイスする!

高たんぱく低脂肪の食事で理想の健康体をキープしよう!

ロングブレスエクササイズを始めて、10kg以上のダイエットに成功したと言うと、「食事はあまりとらなかったのですか?」などとよく質問されます。確かに、お酒と一緒に油物の食事をとって、〆に深夜のラーメン店に行くような暴飲暴食はしていません。しかし1日3食、ときには1日5食以上もしっかり食事はとるようにしています。

これまでもご説明したとおり、ロングブレスエクササイズは、基本的に筋肉量を増やしていく運動です。筋肉は脂肪よりも多くのエネルギーを消費しますから、同じ量の食事をとっていても自然に体重は減っていくようになるのです。

私も最初は、筋肉量が増えて体重が減るだけで満足していましたが、最近ではより良質な筋肉をつけるためにも、高たんぱく低脂肪の食事をとるように心がけています。体重が減りすぎるのをカバーするために1日5食以上食べているので、いちばんやせていた時期よりも体重は増えました。しかし、筋肉だけが増えた状態なので、身体は以前にも増して引き締まっていて体調も完璧です。

高たんぱく低脂肪の食材として私が積極的に取り入れているのは、皮を取り除いた鶏の胸肉やささみ、豚肉や牛肉のヒレの部分や脂分の少ないまぐろの赤身です。

これらの動物性たんぱく質は植物性たんぱく質よりも体内で利用されやすく、免疫力を高めたり、内臓やツメ、髪の毛などの健康にも欠かせないものです。もちろんカロリーも低いので、ダイエットにも向いています。

鶏の胸肉（上）とささみ（下）は、高たんぱく低脂肪の代表的な食材。蒸したり茹でるなど、油を使わない調理法でどうぞ

豚ヒレ肉のような動物性たんぱく質は脂分の少ない赤身の肉を選べば、アミノ酸不足も防げます

以前はあまり意識していなかったのに、ロングブレスを始めてから積極的にとるようになった食材は、豆腐や豆などの植物性たんぱく質と納豆などの発酵食品です。
植物性たんぱく質は、体によくない脂肪酸を抑えつつ、良質なたんぱく質を摂取できるので欠かせません。ただ、たんぱく質

大豆からつくられる植物性たんぱく質は、身近な和食材にも豊富です。発酵食品である納豆は、血流改善や抗酸化作用などもあります

を植物性だけに限るとアミノ酸が不足してしまうので、動物性と植物性たんぱく質の両方をバランスよくとるように心がけています。

そのほかにも、ミネラルやビタミンを摂取するため、海藻類や野菜も積極的に毎食とるようにしましょう。野菜は特に根菜類をおすすめします。魚介類は青魚をはじめとして貝類やいか、たこもぜひとるようにしてください。

また、ロングブレスダイエットをするとき、「お酒は飲んでいいの?」という質問もよくいただきますが、短期間で身体を締めたいときには、控えめにすることをおすすめしています。

私もロングブレスを始めた初期や、大切な撮影前などは禁酒しています。ただし、ある程度のダイエットに成功して代謝のよい身体が手に入ってからならば、お酒も全然ＯＫです。

私もいまでは毎晩のように晩酌をしています。お気に入りのおつまみは、ビールに枝豆（これはダイエット的にも最高の組み合わせ）、冷や奴や刺身、皮を取った焼き鳥やキムチなどです。ただし、夜にお酒を飲んだときは炭水化物は控えめにしています。

ただ、炭水化物はダイエット中であっても、適量はとるようにしてください。しっかり炭水化物をとらないと持続性のあるエネルギーが生まれず、逆に長時間のウォーキングやエクササイズをこなすことができなくなってしまうからです。ダイエット中でも適量のごはん＝白米はきちんととるようにしてください。

正しい食材のチョイスで、効率的なダイエットと健康な身体を手に入れましょう。

刺身はビタミンやミネラルの宝庫。まぐろの刺身も赤身が私のおすすめです

ごはんはシンプルに白米の状態でいただきましょう。炒飯やピラフなどは脂質が多いのでNGです

おわりに

必ずやせて健康体になるロングブレス
さあ、いまが始めるチャンスです！

ロングブレスシリーズ第3弾は、正しい方法で実践すれば「必ずやせる」をテーマに、数々のエクササイズを紹介させていただきました。ロングブレスはちょっと見ただけでは手軽に思われますが、実際にやってみると意外にハードなことに気づくはずです。

脂肪を筋肉に変えてやせやすい身体をつくるには、ある程度のハードなエクササイズが必要です。ロングブレスでも「あ〜、もうできない」「丹田が痛くて続けられない」と悲鳴を上げたその先から、身体に革命が起きるのです。限界の一歩先にあるエクササイズの世界に足を踏み込んでください。

今回のプログラムは、体力に合わせて選べるように構成されているので、性別や年齢を問わず、子どもからお年を召した方まで誰でも取り入れることができます。まずはふたつの基本のロングブレスをしっかりと完璧にマスターし、そのあとに自分の体力で無理なくできるエクササイズを行い、少しずつレベルアップしていくようにしてください。

忙しい方のために「ながら」でできるエクササイズも紹介しています。通勤途中や電車の中、オフィスでのデスクワークの途中でかまいませんから、必ず毎日欠かさず続けるようにしてください。1週間程度で必ず結果が表れるはずです。

私がロングブレスを始めたのは、52歳のときでした。正しい方法で実践すれば老若男女を問わず、どなたでも、いつからでも、お金を使わずに、しかも健康的にやせることができます。この本を手にとった方がロングブレスで若々しく健康な身体を手に入れて、健やかな毎日を過ごされることを願っています。

2012年6月　美木良介

美木良介の
ロングブレスダイエット
㊙やせ最強ブレスプログラム

第一刷――――――2012年6月30日
第七刷――――――2012年8月31日

著者／美木良介

発行者／岩渕 徹
発行所／株式会社 徳間書店
〒105-8055 東京都港区芝大門2-2-1
電話／編集 03-5403-4350　販売 048-451-5960
振替／00140-0-44392

企画協力／株式会社 サンミュージックブレーン
衣装協力／株式会社 アシックス
取材・構成／安西繁美
撮影／庄嶋与志秀
ＤＶＤ編集・制作／庄嶋写真事務所
イラスト／楢崎義信
女性モデル／荒木香南、篠崎由佳
男性モデル／森 拓朗
装丁・デザイン／宇都木スズムシ（ムシカゴグラフィクス）
印刷・製本／図書印刷株式会社

ISBN978-4-19-863422-3

＊DVDが視聴できない場合は、大変恐れ入りますが弊社にご連絡いただく前に、次の事項をご確認ください。①パソコンのプレイヤーソフトの再生はご使用のOS、バージョンによって正常に再生されない場合がございます。②複数ある映像はトラック分割されています。メニュー画面で「ALL PLAY」を選択いただくと視聴できる場合があります。

＊本書は独自の理論をもとに、著者が考案したエクササイズを紹介するものです。エクササイズによるダイエットは食生活を含めた生活習慣と密接な関係があり、そのため生活習慣によっては効果に個人差があったり、効果が期待できないこともあります。